SIEGES ROYAUX

RESSORTISSANS DIRECTEMENT

AU PARLEMENT

DE PARIS,

RANGÉS PAR ORDRE ALPHABÉTIQUE,

Avec les qualifications propres & particulieres à chacun.

Les Jurifdictions Royales, dont les Appellations reffortiffent & font portées à ces précédens Siéges, font rangées à chaque Siége, & placées dans le même ordre.

A PARIS,

Chez Pierre-Guillaume SIMON, Imprimeur du Parlement, *rue Mignon Saint André-des-Arcs.*

M. DCC. LXXVI.

SIEGES ROYAUX

RESSORTISSANS DIRECTEMENT

AU PARLEMENT

DE PARIS.

A

Aᴮᴮᴱᴠᴵᴸᴸᴱ, Capitale de Ponthieu. *Sénéch. & Préfid.*

Y reffortiffent

Airaines............	En Picardie.	*Bailliage Royal.*
Arguel, féant à Liomer..	En Picardie.	*Bailliage Royal.*
Creffy.............	En Picardie.	*Bailliage Royal.*
Rue..............	En Picardie.	*Bailliage Royal.*
Waben, féant à Montreuil-fur-Mer..........	En Picardie.	*Bailliage Royal.*

A ij

AMIENS....... En Picardie.... *Bailliage & Préſidial.*

Y reſſortiſſent

Doullens············ En Picardie· *Prévôté Royale.*
Foulloy, ſéant à Corbie· En Picardie· *Prévôté Royale.*
Saint-Riquier········· En Picardie· *Prévôté Royale.*
Vimen, ſéant à Oiſemont· En Picardie· *Prévôté Royale.*

Les Prévôtés Royales d'Amiens & de Beauvais, qui ſiégeoient à Amiens & à Grandvilliers, ont été ſupprimées & réunies au Bailliage d'Amiens par Edit de Septembre 1748, regiſtré le 20 Décembre.

ANGERS........ En Anjou... *Sénéchauſſée & Préſidial.*

N'a plus de Juſtice Royale qui y reſſortiſſe depuis la ſuppreſſion & réunion de la Prévôté d'Angers faite à la Sénéchauſſée par Edit de Novembre 1758.

ANGOULESME. En Angoumois. *Sénéchauſſée & Préſidial.*

Y reſſortiſſent

Bouteville····· En Angoumois···· *Prévôté Royale.*
Châteauneuf··· En Angoumois···· *Prévôté Royale.*

La Prévôté d'Angoulême a été ſupprimée & réunie à cette Sénéchauſſée par Edit de Novembre 1738, regiſtré le 5 Décembre.

ARDRES....... En Picardie........ *Bailliage Royal.*

Montreuil-ſur-Mer prétend que ce Bailliage reſſortit devant eux.

Les Officiers de ce Bailliage prétendent au contraire reſſortir nuement en la Cour.

Ce Siége n'a plus de Juſtice Royale qui y reſſortiſſe depuis que la Mairie d'Ardres a été ſupprimée & réunie au Bailliage par Edit d'Avril 1749, regiſtré le 13 Juin.

ARSENAL........ A Paris......... *Bailliage Royal.*

N'a pas de Juſtice qui y reſſortiſſe.

ARTOIS.......... *Vide* CONSEIL PROVINCIAL.

AURILLAC..... En Auvergne... *Bailliage & Préfidial.*
N'a pas de Juſtice qui y reſſortiſſe.

AUXERRE...... En Bourgogne... *Bailliage & Préfidial.*

Y reſſortiſſent

Bauche· · · · · · · · · · · · · · · ·*Vide*· · · ·	La Villotte.
Coulanges-ſur-Yonne · En Bourgogne·	*Prévôté.*
La Villote , Bauche , Montifaut & Servan. }En Bourgogne·	*Prévôté.*
Maillys (des) (1)· · · · En Bourgogne·	*Prévôté.*
Montifaut· · · · · · · · · · · · · ·*Vide*· · · ·	La Villotte.
Montigny-le-Roi· · · · En Bourgogne·	*Prévôté.*
Montmirey· · · · · · · · · · · ·*Vide*· · · ·	Saint-Georges.
Saint-Georges, Montmirey & Subleine · · }En Bourgogne·	*Prévôté.*
Servan· · · · · · · · · · · · · ·*Vide*· · · ·	La Villotte
Subleine· · · · · · · · · · · · ·*Vide*· · · ·	Saint-Georges.
Vermenton· · · · · · · · En Bourgogne·	*Prévôté.*

La Prévôté Royale d'Auxerre a été ſupprimée & réunie au Bailliage depuis l'Edit du mois d'Avril 1749, regiſtré le 13 Juin.

(1) La Prévôté des Maillys a été créée par Edit de Septembre 1771; regiſtré par Jugement du 22 Octobre ſuivant, au lieu de celle de Mailly-la-Ville, ſupprimée par le même Edit.

B

BAILLIAGE DU PALAIS....... *Bailliage Royal.*
N'a pas de Juſtice Royale dans ſon Reſſort.

Sa Juriſdiction ne s'étend plus que dans les cours, galeries neuves, & dans le reſte de l'enclos du Palais. *Vide* l'Arrêt de réglement du mois d'Octobre 1712.

BAR............. En Barrois....... *Bailliage Royal.*

Y reſſortiſſent.

Ligny.................. *Prévôté Royale.*
Pierrefitte.............. *Prévôté Royale.*

Le Roi de Pologne, Duc de Lorraine, ayant ſupprimé, par Edit du mois de Juin 1751, tous les Bailliages & Prévôtés de la Lorraine & du Barrois, a recréé ce Bailliage par le même Edit, & a créé en même-temps deux Prévôtés reſſortiſſantes à Bar, au lieu de celles qui y reſſortiſſoient précédemment.

On peut induire de l'Edit du mois de Novembre 1749, pour les Maréchauſſées de Lorraine, que le Roi a approuvé tous ces changemens.

BAR-SUR-SEINE.. En Bourgogne... *Bailliage Royal.*

Y reſſortit

Villeneuve......... En Bourgogne...... *Prévôté.*

Les Mairies d'Avirey, de Bar-ſur-Seine, de Lingey & de Sanderville ont été ſupprimées & réunies au Bailliage par l'Edit de Juin 1746, regiſtré le 5 Juillet.

BAUGÉ.......... En Anjou.......... *Sénéchauſſée.*

N'a pas de Juſtice qui y reſſortiſſe.

Ce Siége avoit obtenu des Lettres Patentes en date du 30 Décembre 1675, qui lui permettoient de juger en dernier reſſort les cas préſidiaux. Ce privilége a été révoqué par Lettres Patentes du 1er Août 1736, regiſtrées le 20 Août.

BAUGENCY.... Dans l'Orléanois.... *Bailliage Royal.*

N'a plus de Juſtice Royale qui y reſſortiſſe, au moyen de la ſuppreſſion & réunion de la Prévôté de Baugency au Bailliage, faite par Edit de Janvier 1738, regiſtré le 14 Février ſuivant.

BEAUFORT....... En Anjou.......... *Sénéchauſſée.*

N'a pas de Juſtice Royale qui y reſſortiſſe.

BEAUMONT-SUR-OISE. Iſle de France. *Bailliage Royal.*

N'a pas de Juſtice Royale qui y reſſortiſſe.

BEAUVAIS..... En Beauvoiſis... *Bailliage & Préſidial.*

Y reſſortit

Angy en partie············ *Prévôté Royale.*

Nota. Les Siéges de Chaumont en Beauvoiſis, Chaumont en Vexin, Magny & Montdidier ſont dans le reſſort de ce Siége pour les cas préſidiaux.

La Mairie de Beauvais, & celle d'Angy, ſéante à Beauvais, ſont ſupprimées & réunies au Bailliage de Beauvais depuis l'Edit du mois d'Avril 1749.

La Prévôté de Montdidier, qui connoiſſoit en premiere inſtance & ſauf l'appel au Bailliage de Beauvais des affaires des Villages près de Beauvais ayant été ſupprimée par Edit de Juin 1749, les Officiers dudit Bailliage ayant indemniſé le Prévôt, dont l'Office avoit été ſupprimé, y connoiſſent ſeuls actuellement de toutes les affaires de ces Villages.

La Prévôté d'Angy releve pour le ſurplus de Senlis.

BELLAC......... Dans la Marche........ *Siége Royal.*

Y reſſortiſſent

Champagnat···· Dans la Marche· *Châtellenie Royale.*
Rancon········ Dans la Marche· *Châtellenie Royale.*

BELLESME....... Au Perche....... *Bailliage Royal.*

N'a plus de Juſtice Royale qui y reſſortiſſe, au moyen de la ſuppreſſion & réunion de la Vicomté Royale de Belleſme & la Perriere, faite au Bailliage par Edit du mois d'Août 1745, regiſtré le 3 Septembre.

BLOIS......... En Orléanois.... *Bailliage & Préſidial.*

Y reſſortit

Chambort······· En Blaiſois ····· *Prévôté Royale.*

BOIS-COMMUN.... En Gatinois....... *Siége Royal.*

N'a pas de Juſtice Royale qui y reſſortiſſe.

BOULOGNE-SUR-MER. En Picardie...... *Sénéchauſſée.*

Y reſſortit

Eſtaples······ *Bailliage, Châtellenie & Prévôté.*

Les Villages de Condette, Saint-Etienne, Heſdigneul, Carly, Verlinchun, Menty, Tingry, Samer, Wierre-aux-Bois, Neufchâtel, Neſle, Florinchun, Affrengue & Eſcamme ont été défunis de la Prévôté d'Eſtaples, & réunis au Bailliage de Boulogne-ſur-Mer pour connoître en premiere inſtance des cauſes & procès dont cette Prévôté connoiſſoit précédemment, ſuivant l'Edit de Juin 1745, regiſtré le 27 Juillet.

La Prévôté de Bellefontaine, ſéante à Eſtaples, le Bailliage, Châtellenie & Prévôté de Boulogne, celle de Chocquel, ſéante à Eſtaples, celles d'Eſurene, d'Eſtaples, de Londefort, d'Outrau, ſéantes à Boulogne, & de Wiſſant, ont été ſupprimées & réunies, par le ſuſdit Edit, à la Sénéchauſſée de Boulogne-ſur-Mer.

BOURG-ARGENTAL..⎫
&   ⎬ En Forez.:::. *Bailliage Royal.*
SAINT-FERRIOL...⎭

N'a pas de Juſtice Royale qui y reſſortiſſe.

Le Bailliage de Saint-Ferriol a été réuni à ce Siége par Edit du mois d'Août 1745.

Les Officiers du Bailliage de Montbriſon prétendent être le Siége primitif du Bailliage de Bourg-Argental, & ſur ce fondement, ils en demandent la réunion à leur Siége.

Les Officiers de ce Bailliage ſoutiennent au contraire qu'ils reſſortiſſoient anciennement au Bailliage de Velay, & par appel au Parlement de Touloufe; qu'ils reſſortiſſent actuellement nuement en la Cour en vertu des Lettres Patentes de Juillet 1466, regiſtrées le 17.

BOURGES.

BOURGES......... En Berry.... *Bailliage & Préfidial.*

Y reffortit

La Salle-le-Roi····· En Berry····· *Prévôté Royale.*

La Prévôté de Bourges a été fupprimée & réunie au Bailliage par Edit d'Avril 1749, regiftré le 13 Juin.

Les Juftices de Saint-Ambroife, de Saint-Sulpice & de Saint-Urfin ont été réunies à Bourges par Lettres Patentes du 26 Février 1743, regiftrées le 18 Mai.

BOURG-NOUVEL, féant à Mayenne..... } Au Maine........ *Sénéchauffée.*

N'a pas de Juftice Royale qui y reffortiffe.

Les Officiers du Bailliage du Mans prétendent que ce Siége reffortit devant eux.

C

CALAIS..,....... En Picardie......., *Siége Royal.*

N'a pas de Juftice Royale qui y reffortiffe,

CHALONS-SUR-MARNE, En Champagne. *Bail. & Préfid.*

N'a pas de Juftice Royale qui y reffortiffe.

CHAMBLY-LE-HAUT-BERGER *ou* L'AUBERGER............. } En Beauvoifis. *Bail. R.*

N'a pas de Juftice Royale qui y reffortiffe.

Le Domaine de Chambly-le-haut-Berger appartient actuellement, à titre d'échange, à M. le Prince de Conty.

CHARLIEU....... En Lyonnois... *Châtellenie Royale.*

N'a pas de Juftice Royale qui y reffortiffe.

CHARTRES...... En Beauce... *Bailliage & Préfidial.*

Y reffortiffent

Bainville-le-Comte· ···· En Beauce· *Mairie Royale.*
Boncé· ············ ·· *Vide·* · Sours.
Bonneval· ··········· En Beauce· *Prévôté Royale.*
Coudray············ ·· *Vide·* · Sours.
Frefnay-le-Comte· ····· En Beauce· *Mairie Royale.*
ı Sours, Boncé & Coudray· En Beauce· *Mairie Royale.*

La Prévôté Royale de Chartres eft fupprimée & réunie au Bailliage depuis l'Edit d'Avril 1749, regiftré le 13 Juin.

CHATEAU-DU-LOIR. En Anjou...... *Sénéchauffée.*

N'a pas de Juftice Royale qui y reffortiffe.

CHATEAU-GONTIER. En Anjou. *Sénéchauffée & Préfid.*

Y reffortit.

Saint-Laurent-des-Mortiers· En Anjou.ᶠ *Châtellenie R.*

CHATEAU - NEUF en Thimerais........ } Au Perche..... *Bailliage Royal.*

N'a pas de Juftice Royale qui y reffortiffe.

CHATEAU-REGNARD. En Gatinois. *Bailliage Royal.*

N'a pas de Juftice Royale qui y reffortiffe.

CHATEAU-ROUX. En Berry....... *Bailliage Royal.*

Y reſſortiſſent

La Châtre········	En Berry······	*Prévôté Royale.*
Le Châtelet·······	En Berry······	*Prévôté Royale.*
Saint-Gaultier·····	En Berry······	*Prévôté Royale.*

Ces quatre Siéges ont été créés par Edit du mois de Février 1740, regiſtré le 23 Mars.

Le Domaine de Château-Roux a depuis appartenu, en qualité de Duché-Pairie, à la Marquiſe de Château-Roux à titre de don réverſible à défaut d'hoirs mâles, le Roi ne s'y étant réſervé que les cas royaux par les Lettres Patentes de don, du mois de Décembre 1743, regiſtrées le 17 Janvier 1744.

Par le décès de cette Marquiſe ſans hoirs mâles, la réverſion de ce Domaine s'eſt faite au profit du Roi. Ces Siéges ſont redevenus par ce moyen ce qu'ils étoient lors de leur création.

CHATEAU-THIERRY. En Champagne. *Bailliage & Préſid.*

Y reſſortiſſent

Artonges·············	En Champagne·	*Mairie R.*
Eſliſſe···············	En Champagne·	*Mairie R.*
Jangogne·············	En Champagne·	*Mairie R.*
La Chapelle-Montaudon·	En Champagne·	*Mairie R.*
Villemoyenne·········	En Champagne·	*Mairie R.*

La Prévôté Royale de Château-Thierry eſt ſupprimée & réunie au Bailliage depuis l'Edit du mois d'Avril 1749, regiſtré le 13 Juin.

CHATELET DE MELUN. *Vide.*......... MELUN.

CHATELET D'ORLÉANS. *Vide.*....... ORLÉANS.

CHATELET DE PARIS. *Vide.* { PRÉVÔTÉ & VICOMTÉ DE PARIS.

CHATELLERAULT. En Poitou........ *Siége Royal.*

N'a pas de Juſtice Royale qui y reſſortiſſe.

CHATILLON-SUR-INDRE. En Touraine. *Baill. & Préſid.*

N'a plus de Juſtice Royale qui y reſſortiſſe depuis que la Prévôté Royale dudit lieu a été ſupprimée pour en faire une Juſtice patrimoniale en faveur de M. Amelot, devenu Propriétaire, à titre d'échange, de la Baronnie de Châtillon-ſur-Indre, par Acte du 19 Décembre 1735, revêtu de Lettres Patentes du mois de Janvier 1736, regiſtrées le

M. Amelot ayant acquis depuis l'Office de Lieutenant général de Police, dont l'ancien titulaire étoit revêtu, le Roi a ſupprimé ſon Office & l'a réuni à la Juſtice de M. Amelot, pour être exercé par ſes Officiers, par Lettres Patentes du 27 Mai 1746, regiſtrées le 13 Juillet.

Les Urſulines de cette Ville ayant abandonné au Roi la Juſtice de la Brenaudiere, ſituée Paroiſſe d'Obterre, le Roi l'a acceptée, réunie & incorporée au au Bailliage par Arrêt de ſon Conſeil du premier Janvier 1767, revêtu de Lettres Patentes du 11 Janvier 1767, regiſtrées le 6 Juillet.

CHATILLON-SUR-MARNE. En Champagne. *Bailliage R.*

Y reſſortiſſent

Igny-le-Jard·······	En Champagne·	*Mairie Royale.*
Suiſy-le-Franc·····	En Champagne·	*Mairie Royale.*
Vernveil··········	En Champagne·	*Mairie Royale.*
Villers-ſur-Châtillon·	En Champagne·	*Mairie Royale.*

CHAUFOUR, } ...En Forez..... *Bailliage Royal.*
ſéant à Saint-Bonnet.)

N'a pas de Juſtice Royale qui y reſſortiſſe.

CHAULNY......... *Vide* .... CHAUNY.

CHAUMONT en Baffigny.... {En Champagne... *Bailliage & Préfidial.*

Y reffortiffent

Andelot················· En Champagne· *Prévôté.*
Bar-fur-Aube··········· En Champagne· *Prévôté.*
Bourdon··············· En Champagne· *Mairie.*
Effoye················· En Champagne· *Prévôté.*
Grand················· En Champagne· *Prévôté.*
La Ville-Neuve-au-Roi···· En Champagne· *Mairie.*
Nogent-le-Roi··········· En Champagne· *Prévôté.*
Waffy················· En Champagne· *Prévôté.*
Vaucouleurs············ En Champagne· *Prévôté.*
Villeneuve en Englancourt· En Champagne· *Mairie.*
Voillecomte············ En Champagne· *Prévôté.*
Vreville··············· En Champagne· *Mairie.*

La Prévôté Royale qui étoit à Chaumont a été fupprimée & réunie au Bailliage depuis l'Edit du mois d'Avril 1749, regiftré le 13 Juin.

CHAUMONT..... En Vexin....... *Bailliage Royal.*

N'a plus de Juftice Royale qui y reffortiffe, la Prévôté foraine de Chaumont & celle de la Ville étant fupprimées & réunies au Bailliage depuis l'Edit du mois d'Avril 1749, regiftré le 13 Juin.

CHAUNY......... En Picardie....... *Bailliage Royal.*

N'a pas de Juftice Royale dans fon reffort.

CHINON......... En Touraine...... *Bailliage Royal.*

N'a pas de Juftice Royale dans fon reffort.

CHOISY-LE-ROI............. *Bailliage Royal.*

N'a pas de Juſtice Royale dans ſon reſſort.

Le Roi Louis XV ayant acquis Choiſy, n'y avoit érigé d'abord qu'une Prévôté ſous le reſſort du Châtelet de Paris.

Choiſy étant devenu conſidérable par les accroiſſemens qui s'y ſont faits ſucceſ-ſivement, le Roi y a créé un Bailliage par Lettres Patentes du 11 Août 1765, regiſtrées le 2 Septembre. Ce Bailliage reſſortit depuis nuement en la Cour.

Ce Siége connoît actuellement en premiere inſtance de toutes les matieres qui étoient portées précédemment en la Juſtice de Thiais, ou qui doivent l'être aux Bailliages Royaux, même de celles qui concernent ſon Domaine de Choiſy, qu'il entend, quant à préſent, poſſéder ſéparément de ſes autres Domaines, & y a créé divers Officiers pour y rendre la juſtice.

CIVRAY......... En Poitou...... *Bailliage Royal.*

Y reſſortiſſent

Aulnay············	En Poitou·········	*Prévôté.*
Chiſé·············	En Poitou·········	*Prévôté.*
Melle·············	En Poitou·········	*Prévôté.*
Uſſon·············	En Poitou·········	*Prévôté.*

CLERMONT⟩ ...En Picardie... *Juge des Cas royaux.*
en Argonne...⟨

N'a pas de Juſtice Royale qui y reſſortiſſe.

CLERMONT⟩ ...En Picardie...... *Bailliage Royal.*
en Beauvoiſis...⟨

Y reſſortiſſent

Bulles····················	*Prévôté.*
La Neuville en Hez···········	*Prévôté.*
Milly·····················	*Prévôté.*
Remy·····················	*Prévôté.*
Sacy·····················	*Prévôté.*

La Prévôté foraine de Beauvoiſis & celle de la Ville ont été ſupprimées & réunies à ce Bailliage par Edit du mois d'Avril 1734, regiſtré le 2 Juillet.

CLERMONT...... } & } En Auvergne... *Sénéch. & Préfid.* MONTFERRAND. }

Y reffortit

Iffoire·········· En Auvergne··· *Prévôté Royale.*

Le Bailliage de Montferrand a été fupprimé & réuni à celui de Clermont par Edit du mois de Mai 1731, regiftré le

La Juftice de Saint-Alire, fituée dans un des Fauxbourgs de Clermont, a été réunie à ce Bailliage par Lettres Patentes du 4 Novembre 1744, regiftrées le 2 Avril 1765.

COGNAC....... En Angoumois..... *Bailliage Royal.*

N'a pas de Juftice Royale qui y reffortiffe.

COMPIEGNE.... En Picardie... *Bailliage & Préfidial.*

N'a plus de Juftice Royale qui y reffortiffe, la Prévôté foraine de Compiegne, celle de Compiegne, celle de Margny & de Tourotte ayant été fupprimées & réunies à ce Bailliage par Edit du mois d'Août 1748, regiftré le 20 Décembre.

L'Exemption de Pierrefond, qui y avoit été réunie par cet Edit, en a été diftraite en faveur du Bailliage de Soiffons par l'Edit du mois d'Août 1758.

CONCRESSAULT.... En Berry.... *Bailliage Royal.*

N'a pas de Juftice Royale dans fon reffort.

CONSEIL PROVINCIAL D'ARTOIS.

Ce Siége eft redevable de fon exiftence à Charles-Quint, qui l'inftitua à Arras, dans fon Palais appellé *la Cour-le-Comte*, par placard du 12 Mai 1530, & il y fiége encore actuellement.

Ce Tribunal, d'après fon inftitution, ne peut juger que les affaires criminelles :

à l'égard des affaires civiles, elles étoient foumifes à l'appel au Confeil Souverain de Malines. Tel a été l'état de ce Tribunal tant qu'il a été fous la domination des Rois d'Efpagne.

La capitulation d'Arras, & la Déclaration du 15 Février 1640, en confirmant ce Tribunal dans fes droits & priviléges, porte expreffément que les appels qui feroient interjettés des Jugemens de ce Siege, rendus en matieres civiles, feroient relevés nuement en la Cour.

L'Arrêt du Confeil du 25 Mai 1726, & les Lettres Patentes confirmatives d'icelui, datées du 13 Décembre 1728, ne leur accordoient le dernier reffort que pour le grand criminel feulement, & décidoient en termes formels & précis, qu'il ne pourroit juger qu'à la charge de l'appel celles de petit criminel, dont la con- noiffance appartenoit aux Enquêtes.

L'Edit portant rétabliffement du Confeil provincial d'Artois, du mois de No- vembre 1774, regiftré au lit de Juftice le 13 Novembre, porte, article XI, qu'ils auront, connoîtront & jugeront en dernier reffort & fans appel toutes les matieres de petit criminel, ainfi & de la même maniere que celles de grand criminel, leur attribuant à cet effet toute cour & jurifdiction, dérogeant à toutes chofes à ce contraires.

Voi la Notice d'Artois, p. 158.

Ce Tribunal eft Juge fupérieur & Juge d'appel de toutes les Jurifdictions ordi- naires & privilégiées fifes dans l'étendue de fon reffort.

Idem, pag. 160.

Il connoît feul & en premiere inftance, & fans procédures conjointes, des cas privilégiés dont les Eccléfiaftiques de fon reffort font prévenus.

Idem, pag. 156 & 157.

Les Lettres de *committimus*, celles d'évocations, les priviléges accordés a des Communautés religieufes & autres n'ont pas lieu dans cette Province. Les habitans de ce pays ne pouvant jamais être traduits en Juftice que pardevant les Juges de leur domicile, fauf au civil l'appel en la Cour. Ceux qui ont droit de *committimus* viennent feulement en premiere inftance audit Confeil Provincial.

Idem, pag. 168.

Les Préfidiaux & Juges-Confuls font inconnus en Artois.

L'Ordonnance du Commerce, du mois de Mars 1673, n'y eft pas en ufage : elle n'y eft obfervée que comme raifon écrite.

Idem, pag. 30.

En Artois, ainfi que dans l'Anjou & le Maine, Fief & Juftice font une feule & même chofe, la Juftice y étant toujours unie & incorporée au Fief; d'où il s'enfuit que tout Seigneur de Fief y a Juftice patrimoniale, foit haute, moyenne & baffe, ou fonciere, telle qu'elle eft portée dans fes aveux & dénombremens.

Idem, pag 32.

Les anciens Comte d'Artois, dans la vue de fe faire des créatures, diftribuoient de grandes poffeffions à des Seigneurs, à la charge de les tenir d'eux en foi & hom- mage, & de répondre à leur principale Jurifdiction.

Ceux-ci, dans la vue de groffir le nombre de ceux qu'ils devoient mener au Comte d'Artois pour le fervir en temps de guerre, rediftribuoient en Fief une grande partie de ce qu'ils tenoient du Comte d'Artois, & fucceffivement en fous- ordre,

ordre, à la charge de tenir d'eux en fief & feigneurie, & de répondre à leurs Juftices domaniales. C'eft ainfi que les Fiefs fe font multipliés prefque à l'infini en Artois.

Mais comme l'hommage en étoit dû à la Couronne, les Comtes d'Artois n'ont jamais pu faire que des Seigneurs & Fiefs inférieurs à eux, & des arrieres-Fiefs de la Couronne. Toutes ces Juftices vont à plus de deux mille, n'y ayant pas de Village où il n'y en ait trois ou quatre. *Vide la Notice d'Artois, p. 304.*

Celui qui poffede un Fief en Artois a droit d'y établir des Juges pour adminif- trer la Juftice à fes vaffaux & tenanciers, & d'y faire décider les caufes domaniales & féodales, foit *avec les hommes de fief, ou avec les hommes cotiers ou roturiers,* Juges nés en ladite Juftice, *par devoir ou fervitude d'hommes de fief, ou d'hommes tenans en coteries ou rotures,* & ne peut y appeller d'autres Juges à leur exclufion ; & il a droit *de les appeller ou de faire évoquer à cet effet, à tour de rôle,* fçavoir, *les fieffés, de quinzaine en quinzaine, & les roturiers de huitaine en huitaine, lefquels font obligés de paroître & de fervir en perfonne, ou par Procureur fpécial admis en Juftice,* & font obligés, fous peine d'amende, de fuivre l'inftruction encommencée pardevant eux jufqu'à ce qu'elle foit entierement confommée. *Idem, page 31.*

Le Bailli ou Lieutenant eft le principal Officier du Seigneur qu'il repréfente : fa fonction fe réduit à faire affembler les Officiers de la Juftice, & à les conjurer de faire bonne Juftice : il eft de plus chargé de donner la forme à tous les Jugemens qui font intitulés en fon nom, de les fceller & de veiller à leur exécution : il eft chargé en outre de recevoir les fois & hommages, aveux & dénombremens. *Idem, page 31.*

On ne donnera pas ici les noms de toutes les différentes Jurifdictions & Juftices qui font en Artois; on fe contentera de ne parler que de celles des huit grands Bailliages Royaux, & de celles des Villes principales qui font en droit d'envoyer des Députés aux Etats d'Artois.

Noms des huit grands Bailliages Royaux.

Aire.	Bethune.
Arras.	Hefdin.
Avefnes-le-Comte.	Lens.
Bapaume.	Saint-Omer.

Ces grands Bailliages font autant de chefs-lieux du Domaine du Roi. Sa Jurif- diction domaniale & Cour féodale fupérieure y eft exèrcée en premiere inftance par fes Officiers, conformément aux us & coutumes du pays. *Idem, page 29.*

Les Officiers de ces divers Siéges font Juges Royaux, & ont des provifions du Roi.

Ces diverfes Jurifdictions ne font cependant que de fimples Juftices domaniales & Cours féodales, qui n'ont d'autre compétence & exercice que pour ce qui regarde les cas de haute-Juftice feulement, relativement à la Seigneurie dont ils *Ibid.*

Vide la Notice d'Artois, pag. 32.

font Officiers. *Ils ne peuvent prendre connoissance des Cas royaux & de souveraineté, ni d'aucun des autres Cas qui sont réservés par les Ordonnances aux Juges des Cas royaux & privilégiés, établis par le Roi en qualité de Souverain.*

Usages propres & particuliers à l'Artois.

Item, page 104 & 118.

Il est de maxime en Artois que le Seigneur qui acquiert & réunit un Fief mouvant de son ancien domaine releve toujours de lui-même pour ce nouveau Fief, qui ne se confond jamais avec celui dont il releve. On y conserve cette distinction dans tous les actes de foi & hommage, aveux & dénombremens.

Idem, page 34.

'C'est par cette raison, & pour ne pas confondre les différens titres de propriété avec celui de souveraineté qui appartient au Roi, qu'Avesnes-le-Comte & Bethune, quoiqu'ils appartiennent au Roi, font toujours dans la dépendance du Château d'Arras & Comté d'Artois pour l'exercice des droits féodaux & de la Justice domaniale.

Item, page 35.

L'usage d'administrer la Justice par les hommes de la Seigneurie n'a jamais varié en Artois, la mouvance y déterminant toujours le ressort, & qui y occasionne la multiplicité des divers degrés de Jurisdictions qu'on est obligé d'y parcourir.

Item, page 37.

Le Conseil Provincial d'Artois a le ressort supérieur sur toutes les Jurisdictions domaniales & Cours féodales de la Province, ressort & enclavement, sauf, en matiere civile, l'appel en la Cour.

Noms des principales Justices d'Artois.

Nota. On trouvera à chaque Siége les Justices qui y ressortissent.

AIRE (1)............. { *Hôtel-de-Ville, premier degré de Jurisdiction.*
{ *Bailliage, second degré de Jurisdiction.*
{ *Justice de la Collégiale de Saint Pierre.*

Y ressortit

Saint-Venant (2)........... { *Echevinage.*
{ *Bailliage.*

(1) Ville bâtie au confluent de la Lis & de la Laquette: elle a le titre de Vicomté: c'est une place très-forte. Le Roi d'Espagne s'étoit réservé cette Ville & celle de Saint-Omer par le Traité des Pyrénées: il l'a enfin cédée à la France en 1713, par le Traité d'Utrecht. Il y a dans cette Ville deux Paroisses & une Collégiale sous l'invocation de Saint Pierre.

Cette Ville renferme trois Jurisdictions dans son enceinte; sçavoir, l'Hôtel-de-Ville, le Bailliage & la Justice de la Collégiale de Saint Pierre.

L'Hôtel-de-Ville, qui est le premier degré de Jurisdiction, est la Justice municipale de la Ville & Banlieue, & y exerce la Police: il ressortit par appel au Bailliage d'Aire.

Le Bailliage d'Aire, qui est le second degré de Jurisdiction, est un Siége Royal; c'est un des huit chefs-lieux du Domaine du Roi en Artois, dont on a précédemment parlé, page 17.

Suite des principales Justices d'Artois.

(2) La Ville de Saint-Venant est située au milieu des marais : elle a le titre de Comté : elle étoit autrefois fortifiée. Le domaine en appartient à M. le Comte de Bethune.

Cette Ville renferme deux Jurisdictions dans son enceinte ; sçavoir, l'Echevinage & le Bailliage.

L'Echevinage a l'exercice de la Justice en premiere instance au Civil & en la Police : l'appel en ressortit au Bailliage.

Le Bailliage de Saint-Venant est Juge d'appel de toutes les causes jugées à l'Echevinage : il connoît aussi, exclusivement à l'Echevinage, des matieres de grand & petit Criminel dans la Ville de Saint-Venant & dans tout son territoire. Il n'a pas d'autre attribution particuliere.

Ce Bailliage ressortit, au Civil & au petit Criminel, au Bailliage d'Aire, & au grand Criminel, au Conseil Provincial d'Artois.

ARRAS (1) · · · · · · · · · · · · · · · · · · *Bailliage Royal ou Gouvernance.*

Y ressortissent

Avesnes-le-Comte (2) · *Bailliage Royal & Châtellenie.*

Bethune (3) · · · · · · · · { *Echevinage.*
{ *Gouvernance.*

Cantimpré (4) · · · · · · *Châtellenie.*

Lillers (5) · · · · · · · · · { *Echevinage.*
{ *Bailliage Royal.*
{ *Justice de la Collégiale de Lillers.*

Saint-Pol (6) · · · · · · · { *Hôtel-de-Ville, premier degré.*
{ *Bailliage ou Sénéchauffée.*

Y ressortissent

Erny-Saint-Julien (7) · *Châtellenie.*

Frevent (8) · · · · · · · · { *Châtellenie.*
{ *Echevinage.*

Lisbourg (9) · · · · · · · *Châtellenie.*

Orville (10) · · · · · · · *Châtellenie.*

Pas (11) · · · · · · · · · · *Châtellenie.*

Pernes (12) · · · · · · · · { *Echevinage.*
{ *Châtellenie.*
{ *Petit Auditoire.*

(1) Le Bailliage ou Gouvernance d'Arras est un Siége Royal : c'est un des huit chefs-lieux du Domaine du Roi en Artois, dont on a parlé ci-devant, page 17.

Ce Siége a peu d'exercice dans la Ville ; il se borne à quelques Fiefs sis à Arras, mouvans du

Suite des principales Justices d'Artois.

Château d'Arras. Le fort de fa Jurifdiction eft hors la Ville, & s'étend fur toutes les Terres tenues en fief ou en arriere-fief du Château d'Arras. Il a, par une nouvelle attribution, droit de juger avec le Lieutenant de la Maréchauffée & Avocats les affaires dont le Prévôt a été déclaré compétent.

(2) Ce Siége eft fitué dans le Bourg d'Avefnes-le-Comte : c'eft un des huit chefs-lieux du Domaine du Roi en Artois. *Vide fupra*, pag. 17.

(3) La Ville de Bethune eft fife fur la Biette : c'eft la troifieme de l'Artois. Elle fut cédée à la France en 1712 par le Traité d'Utrecht. On y parcourt deux degrés de Jurifdictions ; fçavoir, l'Echevinage, qui eft le premier degré, & la Gouvernance, qui eft le fecond degré, & qui eft Juge d'appel de l'Echevinage & de toutes les Juftices des Seigneurs mouvans du Roi à caufe de fon Château de Bethune.

Cette Gouvernance eft un des huit chefs-lieux du Domaine du Roi en Artois. *Vide fupra*, pag. 17.

Les appels en reffortiffent au Civil à la Gouvernance d'Arras, & au Criminel, audit Confeil Provincial.

Il y a deux foires par an dans cette Ville. Ses Blanchifferies pour les toiles font fort eftimées.

(4) Juftice temporelle de Cantimpré ou Cantipré. C'eft une Abbaye de Chanoines Réguliers de l'Ordre de Saint Auguftin, fondée en 1180 par un Evêque de Cambray. Ces Chanoines, tourmentés en 1580 par les foldats, fe refugierent près de Halle, dans les confins du Hainaut, & y ont féjourné depuis. *Vide* le Dictionnaire de la Martiniere, *verbo* Cantipré.

(5) La petite Ville de Lillers, bâtie fur la Navez, a trois Juftices dans fon enceinte ; fçavoir, l'Echevinage, le Bailliage & la Juftice temporelle du Chapitre de Lillers, qui eft fous l'invocation de Saint Omer.

L'Echevinage eft le premier degré de Jurifdiction, & reffortit au Bailliage.

Le Bailliage, qui eft le fecond degré de Jurifdiction, reffortit audit Confeil Provincial.

La Juftice du Chapitre de Saint Omer de Lillers s'étend fur tous les domaines de cette Collégiale, & fur tous ceux qui font dans fa mouvance, l'appel en reffortit audit Confeil Provincial.

(6) Le Comté de Saint Pol eft d'une antiquité & d'une diftinction qui le fait regarder comme la plus belle terre de la Province d'Artois.

Ce pays s'appelloit autrefois Ternois : Terouanne en étoit la Capitale.

Charles-le-Chauve donna en fief, en 863, à Baudouin Bras-de-fer, premier Comte de Flandre & d'Artois, Boulogne, Terouanne & Saint-Pol, avec toute la contrée depuis la Somme.

Lothaire s'empara du Comté de Saint-Pol en 964, & le donna à Guillaume, Comte de Ponthieu, à la charge de la foi & hommage au Comte de Flandre.

Terouanne fut autrefois le Siége d'un Roi, fils de France. L'Evêque du lieu s'en rendit maître par la fuite, & la gouverna fous la protection des Rois de France. Il fallut que le Comte de Saint-Pol fe contentât du refte du pays de Ternois & de la Ville de Saint-Pol.

Cette Ville fut plufieurs fois prife, pillée, brûlée, rafée, rétablie & fortifiée. Elle fut prife enfin en 1553 par Charles-Quint. Il fut convenu par le Traité de Cateau-Cambrefis, du 5 Août 1554, qu'elle ne pourroit plus à l'avenir être rétablie ni fortifiée, & que l'Evêché qui y étoit feroit divifé entre ceux de Boulogne, de Saint-Omer & d'Ypres.

Etat actuel du Comté de Saint-Pol.

La Ville de Saint-Pol, chef-lieu du Comté de ce nom, eft bâtie fur la petite riviere de Ternoife.

Suite des principales Justices d'Artois.

Ce Comté a 10 lieues environ de longueur sur 6 à 7 de largeur : il est composé de six Châtellenies, & comprend environ trois cens soixante tant Villes que Bourgs, Villages & Hameaux.

Avant le Traité de Madrid de l'an 1525, confirmé par celui de Cambray de 1529, il avoit toujours relevé du Comté de Boulogne, & ressortissoit, pour le Criminel, en la Cour, & pour le Civil, devant le Bailli d'Amiens, ou son Lieutenant à Montreuil.

Charles-Quint étant devenu maître de l'Artois, prétendit qu'il devoit relever du Château d'Arras, & voulut exiger la foi & hommage du Duc d'Estouteville, lors Comte de Saint-Pol. Il assujettit les habitans, & tous les vassaux & tenanciers de ce Comté au ressort & Jurisdiction de la Gouvernance d'Arras, & aux impositions d'Artois; & sur le refus que lui fit le Duc d'Estouteville de lui rendre la foi & hommage, il fit assiéger & prit la Ville de Saint-Pol.

On convint, dans le Traité de Cateau-Cambresis de 1559, qu'on nommeroit des Arbitres de part & d'autre pour décider à qui cette mouvance appartiendroit.

La clause de ce Traité n'eut pas d'effet à cause des guerres qui survinrent. On la renouvella dans celui de Vervins, de 1598.

Ce ne fut que vers l'an 1620 qu'il parut un projet de Jugement des Commissaires de ces deux Rois, par lequel il fut décidé, sur vu de pieces, que ce Comté appartenoit au Roi de France à cause du Comté de Boulogne; qu'il ne devoit pas être assujetti aux impositions d'Artois, & que ce qui avoit été perçu seroit rendu au Comte d'Artois & à ses vassaux. Mais ce Jugement ne fut pas prononcé à cause de la mort de l'Archiduc, arrivée dans ce temps-là.

Cette question n'étoit pas encore terminée lors de la conquête de l'Artois, commencée par Louis XIII, & achevée par Louis XIV en 1677.

Il faut observer que pendant toutes les contestations à raison de la mouvance, les matieres civiles étoient portées par appel à la Gouvernance d'Arras, & les criminelles au Conseil Provincial d'Artois.

Ce n'a été qu'en 1707 que Louis XIV a distrait, par Lettres Patentes du mois de Janvier 1707, la mouvance du Comté de Saint-Pol tant du Comté d'Artois que de celui de Boulogne, & qu'il l'a attachée à sa personne & à ses successeurs à cause de sa Couronne & grosse Tour du Lo… re, à la charge par le propriétaire de payer dix livres de relief quand le cas y échet.

Ce Comté a été possédé par les Maisons de Châtillon & de Bourbon, & a passé ensuite dans la Maison d'Espinoy. La Princesse d'Espinoy en rendit la foi & hommage au Roi le 29 Avril 1708, entre les mains de M. le Chancelier, pour le Duc son fils. Il appartient actuellement à M. le Maréchal de Soubise. Il y a Hôtel-de-Ville, Bailliage ou Sénéchaussée.

L'Echevinage est composé d'un Maire, de six Echevins, d'un Procureur-Fiscal-Syndic, d'un Greffier & d'un Argenteur. Ils sont tous à la nomination du Comte de Saint-Pol. Ils connoissent de toutes les affaires civiles sous le ressort de la Sénéchaussée de Saint-Pol, & des criminelles, sous celle du Conseil Provincial d'Artois.

Le Bailliage de Saint-Pol ressortit pour l'appel audit Conseil Provincial.

(7) La Châtellenie d'Emy-Saint-Julien, distante de six lieues de Saint-Pol, est une des dépendances de ce Comté, & releve du Château de Saint-Pol à 10 livres Parisis. Elle a été vendue en 1620 à M. de Viffocq, Seigneur de Bomy. Elle consiste en une belle ferme, terres labourables, bois, cens & rentes, droits seigneuriaux casuels. Il y a huit Fiefs qui en relevent.

Il y a dans cette Châtellenie Bailli, Lieutenant, Procureur-Fiscal & Greffier qui connoissent de toutes matieres. Elle ressortit au civil au Bailliage de Saint-Pol, & au criminel audit Conseil Provincial.

Suite des principales Juflices d'Artois.

(8) Cette Châtellenie, dépendante du Comté de Saint-Pol, eft située à Frevent, dans une vallée fur la Canche. Le commerce de laine fait fa principale reffource.

Il y a deux degrés de Jurifdiction à parcourir; fçavoir, l'Echevinage & la Châtellenie.

L'Echevinage, qui eft le premier degré, eft compofé d'un Mayeur en chef, d'un Mayeur en fecond, de quatre Echevins, deux Echevins du Comté nommés par le Comte de Saint-Pol, d'un Procureur-Syndic, d'un Greffier & trois Notaires. Ce Tribunal connoît des affaires civiles, criminelles & de Police.

La Châtellenie, Juge d'appel, reffortit au Bailliage de Saint-Pol. Ce Siége eft compofé d'un Bailli, d'un Lieutenant, de trois hommes de Fiefs, d'un Procureur-Fifcal & d'un Greffier.

Il y a à Frevent deux Foires franches par an, l'une le 4 Juillet, jour de la Tranflation de Saint Martin, l'autre le 3 Novembre. Elles font très-confidérables en chevaux, vaches, moutons, & fur-tout en cochons gras.

Il s'y tient, le premier vendredi de chaque mois, un Marché franc pour les beftiaux.

Il s'y tient auffi tous les vendredis un Marché ordinaire, où il fe vend beaucoup de grains. *Vide* l'Almanach hiftorique d'Artois, pour l'année 1768, pag. 210 & fuiv.

(9) La Châtellenie de Lisbourg eft fituée dans le Bourg de Lisbourg, diftant de cinq lieues de Saint-Pol.

Cette Châtellenie, dépendante du Comté de Saint-Pol, fut vendue en 1616 à M. de Royelle, & releve du Château de Saint-Pol à 3 livres de relief. On n'en connoit pas la confiftance, n'y ayant point de dénombrement; mais on voit dans le Répertoire du Procureur Général du Comté de Saint-Pol que les revenus de cette Châtellenie confiftent dans un moulin, quarante mefure de bois, & en rentes feigneuriales, & que de cette Châtellenie relevent plufieurs terres à clochers, & en outre cinquante-fept Fiefs.

Il y a dans cette Châtellenie Bailli, Lieutenant, Procureur-Fifcal & Greffier. Ce Siége connoit de toutes matieres, & reffortit, au civil, au Bailliage de Saint Pol, & au criminel, au Confeil Provincial d'Artois.

(10) La Châtellenie d'Orville, près de Doulens, eft à fept lieues de Saint-Pol. Elle confifte en ferme, terres labourables, bois confidérables, moulins, cens, rentes, droits feigneuriaux, & reffortit au Château de Saint-Pol. Il en releve dix à douze terres à clochers & hameaux, & dix-huit Fiefs. Elle appartient à M. de Crequy-Canaple.

On ne fçauroit donner le détail exact de cette Terre, attendu qu'il n'y a point de dénombrement fervi au Comte de Saint-Pol.

Il y a dans cette Châtellenie Bailli, Lieutenant, Procureur-Fifcal & Greffier. Ce Siége connoit de toutes matieres fous le même reffort.

(11) La Châtellenie de Pas eft fituée dans le Bourg de ce nom, qui eft à fept lieues de Saint-Pol, entre les Villes d'Arras, de Doulens & le Bourg de Buquoy. Elle confifte en terres labourables, bois, prés, moulins, rentes foncieres, droits feigneuriaux & cafuels, & releve du Château de Saint-Pol à 10 livres Parifis.

Il releve de cette Châtellenie dix à douze terres à clochers, cinquante Pairies ou environ, & trente-quatre Fiefs fans noms. On ne peut pas en donner aucun détail, parce qu'il n'y a pas de dénombrement fervi.

Il y a également dans cette Châtellenie, Bailli, Lieutenant, Procureur-Fifcal & Greffier. Ce Siége connoit auffi de toutes matieres fous le même reffort.

(12) Ce Siége est situé à Pernes, Ville forte, dans une colline, sur la Clarence, à trois lieues sud-ouest de Béthune, sept lieues nord-ouest d'Arras, & trois lieues de Saint-Pol.

Il y a dans cette Ville trois Jurisdictions ; sçavoir, l'Echevinage, la Châtellenie & le petit Auditoire.

Les anciennes chartes portent que cette Ville est la premiere qui ait été fondée en Loi & Echevinage. Les Bourgeois ont toujours joui de beaux droits & privilèges, notamment de celui de choisir leurs Officiers municipaux par la voie de l'élection ou du scrutin.

L'Echevinage connoit des matieres civiles & criminelles dans toute l'étendue de la Ville & Banlieue, & ressortit au civil en la Châtellenie, & au criminel au Conseil Provincial.

La Châtellenie est Juge d'appel de l'Echevinage. Elle n'a aucune Jurisdiction dans la Ville, mais sur les Villages d'Amerval, Florenghem, Pressy & Sachin. Elle ressortit au civil au Bailliage ou Sénéchaussée de Saint-Pol.

A l'égard du petit Auditoire, c'est une émanation de l'Echevinage, auquel on porte les doléances.

Ce Tribunal, semblable à celui du Juge Auditeur du Châtelet de Paris, connoit jusqu'à la somme de 30 livres. L'Echevin semainier y juge les causes sommaires. Les Parties y sont évoquées par Sergent à verge. *Vide* l'Almanach historique & géographique d'Artois pour l'année 1768, pag 206 & suiv.

Les Habitans de la Ville de Pernes sont régis par la Coutume générale de l'Artois depuis l'Edit du mois d'Août 1775, registré le 29 Août.

La représentation en biens roturiers y a lieu à l'infini en ligne directe & collatérale.

Le rapport entre les enfans & petits enfans venant à la succession de leurs peres, meres & autres ascendans y a lieu d'après ledit Edit, le Roi y ayant dérogé aux articles 93 & 148 de la Coutume générale d'Artois.

L'Election Provinciale (1).
La Maîtrise (2).
La Maréchaussée (3).

(1) Ce Tribunal, situé à Arras, est composé d'Officiers Royaux & d'attribution, qui connoissent en premiere instance, tant au civil qu'au criminel, des matieres d'Aides, Centiemes, Fermes, Octrois, Rachats, Equivalens, & autres levées & taxes, circonstances & dépendances, privativement & exclusivement aux Juges ordinaires, sauf l'appel audit Conseil Provincial.

Les Elus d'Artois ayant été supprimés en 1745, le Roi a créé l'Election Provinciale en place pour connoitre en premiere instance, & privativement aux Juges du pays, de toutes les matieres propres à leur état & Office, sous le ressort dudit Conseil Provincial.

La recherche de la Noblesse par les Traitans n'a pas lieu dans cette Province: celle qui s'y fait est journaliere & perpétuelle, & appartient privativement aux Officiers de ladite Election : elle s'y fait par le ministere du Procureur du Roi, qui est le Héraut d'armes constitué à cet effet, & par le canal des Officiers de ladite Election, seuls Juges en premiere instance de cette matiere.

Par un privilege particulier à la Province, les Commissaires chargés du recouvrement des francs-fiefs n'y ont jamais eu droit de juger définitivement de la légitimité du titre qui procure l'exemption, ni de la validité des actes employés pour la preuve du titre : ils ne peuvent juger que provisoirement du payement ou de la surséance au payement de ce droit. Ils sont astreints à renvoyer la discussion du fond aux Elus d'Artois. *Vide* la Notice d'Artois, p. 165.

C

Suite des principales Justices d'Artois.

Vide la Notice d'Artois, p. 308 & suiv.

(2) Originairement en Artois les contestations qui s'élevoient sur cette matiere étoient toutes portées devant les Juges ordinaires, Domaniaux & Féodaux, tant du Roi que des Seigneurs. Postérieurement les Souverains du Pays y commirent des Juges particuliers pour leurs Bois & Forêts. Ces commissions finirent, & les Juges ordinaires rentrerent dans leurs anciens droits. Louis XIV, par Edit du mois d'Août 1693, en ordonnant la distraction de toutes les matieres d'Eaux & Forêts, créa des Tribunaux particuliers à cet effet. L'exercice de ces nouveaux Officiers devoit s'étendre tant sur les bois du Roi que sur ceux des Particuliers.

Ces Maitrises furent restreintes par la suite à ce qui regardoit le Domaine du Roi; & pour les assortir aux mœurs & usages du pays, il fut ordonné *que lesdits Sieges seroient soumis en toutes matieres civiles & criminelles au ressort dudit Conseil Provincial, sauf l'appel, en matieres civiles seulement, à la Table de Marbre de Paris, jugeant au souverain avec les Officiers de la Cour.*

Idem, pag. 310.

Ce Tribunal a donc la connoissance des Cas royaux en premiere instance, & ledit Conseil Provincial ne l'a plus que par appel & par ressort immédiat.

L'Ordonnance des Eaux & Forêts n'est exécutée en Artois que pour les biens du Domaine du Roi seulement: elle n'y est observée par les Juges ordinaires pour les biens des Particuliers, que dans les points où elle n'est pas contraire aux constitutions de la Province, & pour les cas non prévus par les loix du pays.

Idem, pag. 161 & suiv.

(3) Il y avoit originairement une Maréchaussée particuliere pour l'Artois qui avoit été créée par Edit de Février 1693. Elle a été supprimée depuis, & elle fait partie de celle d'Amiens. Mais comme en vertu du privilége de cette Province, aucun de ses Habitans ne peut être traduit ailleurs tant en matiere civile qu'en matiere criminelle, il y a un Lieutenant qui réside en Artois, où il a un Siége dans lequel il exerce ses fonctions prévôtales. Sa compétence est jugée par le Conseil Provincial, ainsi qu'on l'a dit ci-dessus. S'il est déclaré compétent, il procede à l'instruction avec son Assesseur, & aux Jugemens préparatoires ou définitifs avec les Officiers de la Gouvernance & les Avocats adjoints par commission: il est seulement astreint à intituler ses Jugemens du nom du Prévôt général d'Amiens.

Autres Justices sises à Arras.

L'Echevinage de la Ville & Cité (1).

Y ressorit

La Vingtaine, ou Office du grand Marché (2).

❧

Le Siége Abbatial de Saint Vaast (3).
L'Officialité de l'Evêque d'Arras (4).
L'Officialité du Chapitre d'Arras (5).
L'Officialité de l'Abbé de Saint Vaast (6).
La Salle Episcopale (7).
La Cour des Poulets (8).

(1) La Ville d'Arras compose deux Villes qui ne sont séparées que par un rempart ou fossé. L'ancienne Ville, qui porte le nom de *Cité*, a été donnée en dot par nos Rois aux Evêques d'Arras, & forme la portion la plus distinguée de leur Mense. Elle est enclavée dans la nouvelle.

Suite des principales Justices d'Artois.

La nouvelle Ville, bâtie au midi de la Cité, n'y a été établie qu'à l'occasion de l'Abbaye de Saint-Vaast qui y avoit originairement la Seigneurie foncière, & y exerçoit la Justice.

Mais la Ville d'Arras ayant obtenu le privilege de Commune, accordé à plusieurs Villes, les fonds roturiers qui relevoient précédemment de Saint-Vaast ont pris la qualité d'héritages d'Echevinage, & sont devenus, ainsi que ceux qui les possedent, justiciables des Juges de la Commune ou de l'Echevinage. Cette Abbaye a aussi perdu la Police sur ces mêmes fonds, l'exercice en ayant été transféré à l'Echevinage; ensorte que la Justice de cette Abbaye est restreinte à son enclos & à quelques endroits circonscrits par des bornes.

Ces deux Villes avoient chacune un Echevinage séparé. La Justice y étoit précédemment administrée par des Echevins particuliers. L'appel de l'Echevinage de la Cité étoit relevé en la Salle Episcopale, & celui de l'Echevinage de la Ville alloit au Conseil Provincial.

Ces deux Corps ne forment plus actuellement qu'un seul & même Corps, l'Echevinage de la Cité étant réuni à celui de la Ville par Edit du mois d'Octobre 1749. L'appel s'en releve actuellement; sçavoir, pour les domiciliés ou pour ceux qui sont dans la mouvance de la Cité, en la Salle Episcopale, & pour le surplus audit Conseil Provincial.

Cet Echevinage a la haute, moyenne & basse Justice sur toutes les personnes & sur les fonds compris dans la Ville & Banlieue, à l'exception de ce qui est réservé à l'Abbaye de Saint-Vaast, & de ce qui appartient à la Gouvernance d'Arras. Il connoit aussi du fait de commerce & de marchandise.

En fait de Police, le grand Bailli est à la tête de l'Echevinage pour ce qui concerne les Statuts & Ordonnances. Il est la Partie publique en matieres criminelles, suivant les anciennes constitutions du Pays. Le Procureur du Roi Syndic ne fait les fonctions dans ce dernier cas qu'en l'absence ou empêchement du grand Bailli.

(2) Cette Jurisdiction est composée d'un certain nombre de Bourgeois choisis par l'Echevinage pour y faire la Police. On se pourvoit par doléance contre leurs Ordonnances en l'Echevinage.

(3) C'est la Justice temporelle de l'Abbaye de Saint-Vaast.

Cette Justice connoit en premiere instance des affaires de ses justiciables, & par appel des Sentences rendues par le Juge des Eaux & Forêts de cette Abbaye, & par les Echevins du pays de Lallœu, & par les Juges dépendans médiatement ou immédiatement de cette Abbaye, & l'appel en ressortit audit Conseil Provincial. *Vid. l'Almanach historiq. d'Artois, pag. 86 & 87.*

(4) Justice ecclésiastique de l'Evêque d'Arras, dépendante de la Métropole de Cambray.

L'Edit de Mars 1695, concernant la Jurisdiction ecclésiastique, & les Réglemens particuliers n'ont pas lieu en Artois, conformément aux Arrêts du Conseil des 23 Août 1698 & 2 Septembre 1701.

(5) C'est la Justice ecclésiastique du Chapitre sur ses membres. Elle releve également à la Métropole de Cambray.

(6) Justice Ecclésiastique de l'Abbé de Saint-Vaast sur ses membres. Elle releve aussi de la Métropole de Cambray.

(7) C'est la Justice temporelle de l'Evêque d'Arras, Juge d'appel en partie de l'Echevinage relativement aux domiciliés en la Cité, qui est en la mouvance de cet Evêque.

(8) Justice temporelle du Chapitre d'Arras, *Curia Pullorum, vulgo Pelletorum.* Le Siége de cette Justice est dans le Cloître de la Cathédrale: tous les Villages & Seigneuries de l'ancien do-

D

Suite des principales Justices d'Artois.

maine du Chapitre y ressortissent. Ce Chapitre y a été maintenu par l'Edit du mois d'Octobre 1749, qui porte union de l'Echevinage de la Cité à celui de la Ville.

Les Echevins d'Arras ayant prétendu y exercer la Police, il s'éleva une contestation à ce sujet entre le Chapitre & l'Echevinage, contestation qui fut portée devant le Roi; & par Arrêt de son Conseil, rendu sur les Mémoires respectifs des Parties, le Chapitre fut maintenu dans le droit & possession de la Justice civile, criminelle & de Police dans toute l'étendue de son Cloître.

Les appels de cette Justice viennent directement audit Conseil Provincial.

Bapaume (1)	*Echevinage.* *Bailliage Royal.* *Justice des Fermes.*
Bourbourg (2)	*Echevinage.*
Carvin-Espinoy (3)	*Echevinage.* *Hommes de Fiefs servans.* *Francs-Pairs.*

(1) La Ville de Bapaume est une des plus fortes Places d'Artois. Les François s'en emparerent en 1641. Elle est rentrée à la France par le Traité des Pyrénées.

Il y a dans cette Ville trois Jurisdictions; sçavoir, l'Echevinage, le Bailliage Royal & la Justice des Fermes.

L'Echevinage, composé d'un Mayeur, Echevins & Procureur du Roi, a l'administration des affaires communes, & la haute, moyenne & basse Justice dans la Ville & Banlieue. L'appel en ressortit au Bailliage.

Le Bailliage, qui est un des huit chefs-lieux du Domaine du Roi en Artois, dont on a parlé ci-dessus, pag. 17, est Juge d'appel de l'Echevinage. Il n'a aucun exercice de Justice dans la Ville & Banlieue: il ne l'exerce que sur les Villages voisins, contigus & dépendans de Bapaume. La Justice y est rendue par des Hommes de Fiefs, à la conjure du grand Bailli, qui n'a pas de voix. L'appel en ressortit audit Conseil Provincial.

La Justice des Fermes connoît, relativement aux Fermes générales de France, de toutes les fraudes commises sur les frontieres de Picardie. L'appel en ressortit à la Cour des Aides de Paris.

(2) Ce Siége, situé à Bourbourg, petite Ville à 2 lieues sud de Gravelines, sur un canal qui conduit à Dunkerques. Les François s'en emparerent en 1657. Elle a été cédée à la France par le Traité des Pyrénées. Les fortifications en sont démolies.

La Justice y est rendue au Civil & au Criminel par les Officiers municipaux qui y ont la Police.

Le Magistrat de Bourbourg est autorisé, par Déclaration du 14 Mars 1740, à parapher les Registres des baptêmes, mariages & sépultures: il est seulement astreint, à la fin de chaque année, à envoyer une copie du Registre double audit Conseil Provincial.

(3) Le Bourg de Carvin est situé à 4 lieues sud-ouest de Lille: c'est le chef-lieu d'une Principauté qui a appartenu à la Maison de Melun-Espinoy, d'où elle a passé en celle de Rohan-Soubise.

Il y a trois degrés de Jurisdictions à parcourir dans ce Bourg; l'Echevinage en premier, ensuite celle des Hommes de Fiefs servans, & enfin celle des Francs-Pairs, d'où elle ressortit audit Conseil Provincial.

Il y a à Carvin un Marché très-considérable tous les samedis, & trois Marchés francs par an.

Suite des principales Justices d'Artois.

Dunkerques (1)········ *Echevinage.*

Gravelines (2)········· *Echevinage.*

ฯๆ

Hesdin (3)··········· { *Echevinage.*
{ *Maîtrise des Eaux & Forêts.*
{ *Jurisdiction des Fermes.*
{ *Bailliage Royal.*

Y ressortit

Auxy en partie (4).

ฯๆ

Lens (5) ··········· { *Echevinage.*
{ *Bailliage Royal.*

(1) La Ville de Dunkerques, célebre par les divers siéges qu'elle a essuyés, a été achetée par Louis XIV des Anglois en 1662. Il y a Amirauté, Chambre du Commerce, Jurisdiction Consulaire & Echevinage.

L'Amirauté, la Chambre du Commerce & les Consuls ressortissent directement en la Cour.

L'Echevinage y exerce la Justice civile, criminelle & la police. Il paroitroit, d'après une Déclaration du 3 Octobre 1647, que l'appel en devroit venir directement en la Cour : mais les Officiers dudit Conseil Provincial ayant obtenu en 1664 des Lettres Patentes non reg'strées, qui portent que l'appel des Sentences rendues par les Officiers municipaux des Villes de Bourbourg, Dunkerques & Gravelines seroit relevé devant eux, sauf, au civil, l'appel en la Cour, ils ont la possession en leur faveur.

Le Magistrat de Dunkerques est également autorisé, par la Déclaration de 1740, à parapher les Registres des baptêmes, mariages & sépultures : il est seulement obligé d'envoyer à la fin de chaque année une copie de son Registre double audit Conseil Provincial.

(2) La Ville de Gravelines, Siége de cet Echevinage, est dans un terrein marécageux sur l'Aa, près de la mer, à 5 lieues de Calais. C'est une Ville très-forte, avec un Château & un Port. Les fortifications sont du Chevalier de Ville & du Maréchal de Vauban. Le Maréchal de la Ferté s'en empara en 1658. Elle fut cédée à la France par le Traité des Pyrenées.

Louis XIV y transféra en 1659 l'Amirauté qu'il avoit précédemment créée pour Dunkerques, Amirauté qu'il supprima en 1671 en la rétablissant à Dunkerques.

La Justice est administrée à Gravelines, au civil, au criminel & en la police, par les Officiers municipaux : l'appel en ressortit audit Conseil Provincial.

Le Magistrat a aussi été autorisé, par la Déclaration du mois de Mars 1740, à parapher les Registres des baptêmes, mariages & sépultures, en se conformant chaque année à ce qui y est porté.

(3) La Ville d'Hesdin, Place moderne sur la Canche, bâtie en 1554 en la place du viel Hesdin, qui est un peu au-dessus sur la même riviere. C'est une des meilleures Places des Pays-Bas. Louis XIII s'en empara en 1639. Elle fut cédée à la France en 1659, par les articles 35 & 51 du Traité des Pyrenées.

Suite des principales Justices d'Artois.

Il y a dans cette Ville quatre différentes Jurisdictions; sçavoir, le Bailliage, l'Echevinage, la Maîtrise des Eaux & Forêts & la Jurisdiction des Fermes.

Le Bailliage est un des huit chefs-lieux du Domaine du Roi en Artois. *Vide supra pag.* 17.
Ce Siege exerce la Justice dans la Ville, & ressortit audit Conseil Provincial.

L'Echevinage, composé d'un Mayeur, Echevins & Procureur du Roi, a l'admninistration des affaires communes, la haute, moyenne & basse-Justice dans la Banlieue, & ressortit audit Conseil Provincial.

La Maîtrise des Eaux & Forêts, qui n'est que la troisieme en ordre, est cependant la plus ancienne & la plus forte en exercice, à cause de la Forêt d'Hesdin qui est la plus considérable de celles du Roi en Artois.

La Jurisdiction des Fermes connoît de ce qui est relatif aux Fermes de France pour ce qui concerne les fraudes commises sur les frontieres de Picardie. Elle ressortit à la Cour des Aides de Paris.

Il y a quatre Foires à Hesdin; la premiere le 3 Février, la seconde le 28 Avril, la troisieme le 10 Août, & la quatrieme le 28 Octobre. Il y a en outre deux Marchés par semaine, l'un le mercredi, & l'autre le samedi.

(4) Le Bourg d'Auxy est coupé en deux par l'Authie. La partie qui est à droite est d'Artois; & appartient à M. le Comte d'Egmont. Celle qui est à gauche est de Picardie, & appartient à M. le Comte de Lannoy. Leurs Justices y sont distinctes & séparées.

Celle du Comte d'Egmont est admninistrée par un Lieutenant, un Procureur-Fiscal & plusieurs Hommes de Fiefs. L'appel en ressortit au Bailliage d'Hesdin.

(5) La Ville de Lens, bâtie sur la riviere de Souchets, est à 4 lieues sud-est de Bethune. Il n'y a plus d'Etat militaire, cette Ville ayant été démantelée. Le Roi en est le Gouverneur, & lui conserve toujours le titre de Ville fermée, dont elle a les priviléges. Il y a Echevinage & Bailliage Royal.

L'Echevinage exerce la Justice au civil & au criminel dans la Ville, y a la police, & ressortit audit Conseil Provincial.

Le Bailliage Royal est un des huit chefs-lieux du Domaine du Roi en Artois. *Vide supra* pag. 17.
La Justice y est administrée par des Hommes de Fiefs & Avocats: elle s'étend sur quatre-vingt-dix-neuf Villages, non compris les hommes dépendans de ce Bailliage. Il ressortit également audit Conseil Provincial.

SAINT-OMER (1) ························· *Echevinage.*

Y ressortissent

Le Petit Auditoire (2).
La Chambre des Orphelins (3).
Le Siége des Francs-Aleux (4).
Le Siége de Vierschaires (5).

(1) Ce Siege est situé en Artois, à Saint-Omer, Ville considérable sur la riviere d'Aa, dans un marais qui la rend très-forte. Elle est à 3 lieues nord-ouest d'Aire. C'est la seconde Ville d'Artois.

La Ville de Térouane ayant été rasée en 1553, il fut stipulé dans le Traité conclu entre la France & l'Espagne, qu'elle seroit divisée en deux parties égales pour chacune de ces deux Nations. Dans la partie tombée à la France on forma l'Evêché de Boulogne : dans celle échue à l'Espagne, au moyen

Suite des principales Justices d'Artois.

de la réunion qui y fut faite, on forma l'Evêché & le Chapitre de Saint-Omer, & un Evêché & une Cathédrale à Ypres. Tel est l'origine de l'Evêché de Saint-Omer, qui existe depuis ce temps.

Le Roi d'Espagne s'étoit réservé cette Ville & celle d'Aire, Villes qu'il a enfin cédées à la France en 1713, par le Traité d'Utrecht.

La Ville de Saint-Omer étant une Ville de commune, la Justice y est administrée par l'Echevinage, qui y a la haute, moyenne & basse Justice, & la Police sur tous les habitans & sur les héritages tenus en Echevinage.

A l'égard des Fiefs tenus dans la Ville & hors d'icelle, relevant directement du Château de Saint-Omer, la connoissance en appartient directement au Bailliage Royal de cette Ville, ainsi qu'on le verra ci-après.

L'appel de cet Echevinage va directement audit Conseil Provincial.

Officiers de cet Echevinage.

Vide la Notice d'Artois, p. 448.

Un Mayeur, dix Echevins électifs, deux Conseillers pensionnaires, un Procureur du Roi Syndic, un petit Bailli faisant fonction de Partie publique ès affaires criminelles.

Ordre d'Echevins Jurés au Conseil.

Idem, pag. 459.

Sept Echevins Jurés au Conseil, également électifs, qui servent à temps.

Banc des dix Jurés pour la Communauté.

Ibid.

Ces dix Jurés, dont l'un d'eux a le titre de Mayeur des Jurés, sont électifs & à temps. Ils concourent avec les Echevins lorsqu'il s'agit d'affaires & de Statuts de Police.

(2) Ce Siége, sis à Saint-Omer, est une émanation de l'Echevinage, auquel il ressortit, & est semblable au Juge Auditeur du Châtelet de Paris.

Vid l'Almanach historiq. d'Artois, pag. 141.

Les deux Echevins semainiers y jugent les causes sommaires jusqu'à la somme de 15 livres: les Parties y sont appellées verbalement par les Escawettes.

(3) Ce Siége est également une émanation de l'Echevinage, & tient plus de l'administration que de la Justice contentieuse: il connoit cependant, sous l'inspection de l'Echevinage, d'aucunes affaires de mineurs, & il y a voix à doléance en l'Echevinage.

(4) Ce Siége, également situé à Saint-Omer, exerce sa Jurisdiction sur tous les héritages nobles & roturiers situés dans la Ville, & au dehors, dans toute l'étendue du Bailliage de Saint-Omer.

Vide la Notice d'Artois, p. 452.

Ce Siege, en franc-aleu roturier, ressortit à l'Echevinage, & si le franc-aleu est noble, il ressortit au Bailliage de Saint-Omer. Il y a à ce sujet un procès considérable pendant en la Grand'Chambre entre l'Echevinage & le Bailliage. Les Conclusions de M. le Procureur Général tendent à accorder le ressort dans tous les cas au Bailliage.

Officiers de ce Siége.

Un Mayeur, six Echevins, le Procureur du Roi au Bailliage, ou son Substitut, qui y font fonction de Parties publiques, le Greffier du Bailliage, qui y sert de Greffier.

Il y a en outre dans chaque Village où il y a des francs-aleux, des Tenanciers qui font, en cas de nécessité, la fonction d'Echevins.

Vid. l'Almanach historiq. d'Artois, pag. 123 & 124.

(5) Ce Siége, situé à Saint-Omer, connoit des Arrêts & captures de personnes pour dettes, appellés Arrêts à la loi privilégiée, & de la capture des personnes arrêtées pour crimes, & des

Vide la Notice d'Artois, p. 451.

Suite des principales Justices d'Artois.

scellés & inventaires ès maisons mortuaires, circonstances & dépendances, dans tous les endroits de la Ville & Banlieue.

Ce Siége est composé d'Officiers nommés par les Seigneurs vicomtiers ou fonciers, mouvans du Château de Saint Omer, qui ont leurs domaines ou des mouvances dans la Ville ou Banlieue. Il est composé de six Amants ou Baillis nommés par ces Seigneurs, & de dix Echevins nommés par les Officiers municipaux de Saint-Omer.

Quand il s'agit d'affaires relatives à un fief ou à une mouvance féodale, l'appel s'en porte au Bailliage. S'il s'agit de fonds roturiers ou d'Echevinage, la doléance s'en porte à l'Echevinage.

On a vu ci-devant qu'il y avoit un procès considérable pendant en la Grand'Chambre entre le Bailliage & l'Echevinage, relativement au ressort reclamé par les deux Siéges, que les conclusions de M. le Procureur général tendoient à ce que le ressort fût accordé dans tous les cas à l'Echevinage.

Officiers de ce Siége.

Un Amant ou Bailli nommé par le Roi, cinq Amants ou Baillis nommés par les Seigneurs vicomtiers ou fonciers, dix Echevins nommés par les Officiers municipaux, un Greffier, un Commi. Greffier, quatre Francs-Priseurs Jurés.

Autres Justices sises à Saint-Omer.

L'Officialité de Saint-Omer (1).
L'Officialité pour le Chapitre (2).
La Salle Episcopale (3).
La Salle Décanale (4).
Lest-Lannoy, *ou* Hallembrou (5).
La Maîtrise des Eaux & Forêts (6).

ᘓᕋ

Bailliage de Saint-Omer (7).

Y ressortissent

Le Siége des Francs-Aleux nobles (8).
Le Siége de Vierckaires, en mouvance féodale (7).
La Salle Abbatiale de Saint Bertin (10).

(1) Officialité pour le Diocèse de Saint-Omer, dépendante de la Métropole de Cambray.

(2) Cette Officialité est particuliere au Chapitre de Saint-Omer.

(3) Justice féodale & temporelle de l'Evêque de Saint-Omer. Elle ressortit audit Conseil Provincial.

(4) Justice féodale & temporelle du Chapitre de Saint-Omer. Elle ressortit audit Conseil Provincial.

(5) Autre Justice du même Chapitre, sise dans la Banlieue. Elle ressortit audit Conseil Provincial.

(6) Ce Tribunal, créé par Edit du mois d'Août 1693, connoît en premiere instance de tout ce

Suite des principales Justices d'Artois.

qui concerne les Bois du Roi, & y a la con: oissance des Cas royaux. Il ressortit audit Conseil Provincial, sauf l'appel en matiere civile à la Table de Marbre jugeant au souverain.

(7) Ce Siége est un des huit chefs-lieux du Domaine du Roi en Artois. *Vide supra*, pag. 17.

Les Officiers de ce Tribunal, revêtus de provisions du Roi, sont obligés d'être hommes de fiefs pour pouvoir juger.

La Jurisdiction de ce Siége s'étend plus au dehors de la Ville qu'au dedans, n'y ayant connois-sance que des fiefs sis'à Saint-Omer : c'est à ce titre qu'il a dans son ressort immédiat l'Abbaye de Saint Bertin, & tout ce qui en releve, soit dans la Ville, soit au dehors.

Les Officiers de ce Siége sont autorisés par l'article V des Lettres Patentes confirmatives de la Coutume de Saint-Omer & autres, en date du 26 Septembre 1743, à tenir assises dans les Justices inférieures de leur ressort, & à informer des délits qui s'y commettent ; & tous les sujets de ces Justices assignés par affiches & cris publics aux Paroisses desdites Justices, sont obligés d'y comparoir, à peine de 60 livres parisis d'amende.

(8) Ce Siége, s'il s'agit d'un franc-aleu noble, ressortit au Bailliage de Saint-Omer. *Vide supra* p. 29.

(9) Ce Siége, en mouvance féodale, ressortit au Bailliage de Saint-Omer. *Vide supra*, pag. 29.

(10) C'est la Justice féodale de l'Abbaye de Saint Bertin, qui est une des plus belles & des plus riches de la Province. Elle s'étend sur toutes les mouvances de cette Abbaye, tant dans la Ville de Saint-Omer qu'au dehors.

Autres Justices sises dans le ressort médiat ou immédiat du Bailliage de Saint-Omer.

Fauquembergues (1)·················	*Echevinage, 1er. degré.* *Bailliage, 2e. degré.*
Pays de Bredenave (2).	Andruic (3)······· *Echevinage.* Nord-Querque···· Polincove········ *Châtellenie (4).* Zud-Querque·····
Pays de Langle (5)···	Saint-Folquin····· *Bailliage.* Ste. Marie-Querque· *Justice féodale.* Saint-Nicolas······ *Troisieme Banc.* Saint-Omer-Capelle· *Watergrave.*
Renty (6).	
Salle de Clairmarais (7).	
Tournehem (8)····················	*Echevinage, premier degré.* *Châtellenie, second degré.* *Maitrise des Eaux & Forêts.*

(1) Fauquembergues est une Ville considérable qui a le titre de Comté. Elle a toujours été *Vid. l'Alsemach historiq. d'Artois, pag. 137.*

C

Suite des principales Justices d'Artois.

possédée par des personnes illustres. Elle appartient depuis plus d'un siécle à la Maison de Lignes. Ses anciens possesseurs avoient droit de garenne de plus d'une lieue sur les terres qui l'environnent. Ils avoient hommes & femmes de corps, autrement serfs.

Il y avoit un Château fortifié, dont il ne reste que quelques vestiges.

La Paroisse, qui est à la nomination du Roi, est sous l'invocation de Saint Leger. Il y a un Chapitre sous l'invocation de Notre-Dame, un Hôpital pour les pauvres malades du lieu, qui est administré par les grand Bailli, Mayeur & Echevins. Il y a aussi une Chapelle dédiée à la Madeleine, dont le Chapelain est chargé d'administrer les Sacremens aux malades.

Il y a dans cette Ville deux degrés de Jurisdictions à parcourir ; sçavoir, l'Echevinage, qui est le premier degré, & le Bailliage, qui est le second degré, ou releve l'appel de l'Echevinage.

Le Bailliage, Juge d'appel de l'Echevinage, n'a aucun exercice dans la Ville : son ressort, qui est hors de la Ville, s'étend sur toutes les terres tenues en fief & arriere-fief du Comté de Fauquembergues, & sur les Villages en dépendans, Il ressortit au Bailliage de Saint-Omer.

(2) Ce pays est composé de quatre Paroisses ; sçavoir, Andruic, Nord-Querque, Polincove & Zud-Querque. La Ville d'Andruic en est le chef-lieu.

Il y a dans cette Ville deux Jurisdictions réglées par la Coutume ; sçavoir, l'Echevinage & la Châtellenie.

L'Echevinage est la Justice propre & particuliere à la Ville d'Andruic.

La Châtellenie est la Justice des trois autres Paroisses. Elles y ont un Auditoire appellé Lands-Haus dans le pays, & y ont chacune une salle séparée.

(3) La Ville d'Andruic est Justice de Commune. La Justice y est administrée, & dans la Banlieue, par les Officiers municipaux. L'appel en ressortit immédiatement au Bailliage de Saint-Omer.

Officiers de ce Siége.

Un grand Bailli, un Lieutenant général, un Procureur du Roi non gradué, un Mayeur & quatre Echevins renouvellés tous les ans.

Il y a en outre deux Echevins pour cette Paroisse, qui se renouvellent aussi tous les ans, & qui, d'après leurs chartes, ont la Jurisdiction sur divers tenemens & sur les Habitans du pays. On se pourvoit contre leurs Ordonnances par doléance en l'Echevinage.

Vid, l'Almanach historiq d'Artois, pag. 133.

(4) Ce Siége, comme on l'a dit ci-dessus, note 2, est situé à Andruic, dans une salle séparée de celle de l'Echevinage.

Cette Châtellenie n'a aucun exercice de Jurisdiction à Andruic : elle ne s'étend que sur les Paroisses de Nord-Querque, Polincove & Zud-Querque. Les appellations en sont portées immédiatement au Bailliage de Saint-Omer.

Officiers de ce Siége.

Un grand Bailli, un Lieutenant général, un Procureur du Roi non gradué, plusieurs hommes de Fiefs,

Il y a en outre six Echevins, dont deux pour chaque Paroisse, qui se renouvellent tous les ans. Ils ont, d'après leurs chartes, la Jurisdiction sur divers tenemens & sur les Habitans de ces trois Paroisses. On se pourvoit par doléance en la Châtellenie contre leurs Ordonnances.

(5) Ce pays a le titre de Vicomté. Il comprend les Paroisses de Saint Folquin, Sainte Marie-

Querque,

Suite des principales Justices d'Artois.

Querque, Saint Nicolas & Saint Omer-Capelle, & faisoit autrefois partie de la Baronnie de Bourbourg, dont il a été démembré en 1180.

Le Roi est Seigneur à clocher de ces quatre Paroisses. Il en a aliéné le domaine utile, les droits honorifiques, la chasse & la pêche, & ne s'y est réservé que la haute, moyenne & basse Justice. M. de Carondel en est Seigneur Engagiste du chef de la dame son épouse.

Il y a dans ce pays Bailliage & Justice féodale. Ces deux Tribunaux siégent à Saint-Folquin, dans un lieu appellé *Monnequebœure*, qui est à peu près au milieu du pays.

Il y a un troisieme Tribunal appellé *Troisieme Banc*, lequel est formé par la réunion des Echevins & des hommes de Fiefs. Ils sont chargés de pourvoir à tout ce qui peut être utile au Public.

Cette Chambre est une Administration économique qui est chargée de la police & du gouvernement des vivres & des autres choses utiles au Public.

Comme ce pays étoit fort sujet aux inondations, sur-tout avant la jonction de la riviere d'Aa à la mer faite avant 1740, les Etats de la province commettent un Watergrave ou Comte des Eaux pour avoir, conjointement avec le Magistrat, inspection sur les Eaux.

Le Bailliage exerce la haute, moyenne & basse Justice, & la Police dans toute l'étendue de cette Vicomté, & y connoît des Arrêts & des héritages côtiers, en déterminant le tout à la conjure du Vicomte ou de son Lieutenant dans le pays.

L'appel de ce Bailliage va directement au Bailliage de Saint-Omer.

La Justice féodale siége à Saint Folquin, ainsi qu'on l'a dit ci-dessus. Elle est exercée par des Hommes de Fiefs, & s'étend sur tous les Fiefs mouvans de la Vicomté de Langle. L'appel s'en releve également au Bailliage de Saint-Omer.

(6) Ce Siége est situé à Renty, petite Ville sur les confins de la Picardie, à 4 lieues sud-ouest de Saint-Omer. Cette Ville a le titre de Marquisat: elle appartient à la Maison d'Egmont: c'est le premier Marquisat du pays. Elle est célebre par la victoire qu'y remporta Henry II sur les Impériaux le 13 Août 1554. Il fut cependant obligé d'en lever le siége. L'appel en ressortit au Bailliage de Saint-Omer.

(7) C'est la Justice temporelle de cette Abbaye, qui est de l'Ordre de Citeaux. Elle est à une lieue au nord de Saint-Omer. L'appel en ressortit au Bailliage de Saint-Omer.

(8) La petite Ville de Tournehem, sise à lieues de Saint-Omer, renferme trois différentes Jurisdictions dans son enceinte; sçavoir, l'Echevinage, la Châtellenie & la Maîtrise des Eaux & Forêts.

Cette Ville est une Ville de commune, où il y a deux degrés de Jurisdiction à parcourir.

L'Echevinage, qui est le premier degré, ressortit par appel en la Châtellenie.

La Châtellenie, qui est le second degré, ressortit au Bailliage de Saint-Omer. Elle n'a aucun exercice de Jurisdiction dans la Ville & Banlieue. Elle est Juge d'appel de l'Echevinage. Son ressort hors la Ville & Banlieue s'étend sur toutes les terres tenues en fief ou arriere-fief du Roi, & sur les Villages en dépendans. Elle ressortit directement au Bailliage de Saint-Omer.

La Maîtrise des Eaux & Forêts de Tournehem, créée par Edit du mois d'Août 1693, devoit, ainsi que celles créées par le même Edit, s'étendre tant sur les bois du Roi que sur ceux des Particuliers. Son exercice a été restreint depuis à ce qui regarde les droits du Roi seulement. Sa Jurisdiction s'étend sur les bois d'Esperlegues, distans de 2 lieues de Tournehem. L'Ordonnance des Eaux & Forêts y est en vigueur pour les bois du Roi seulement.

Ce Tribunal connoît en premiere instance de tout ce qui concerne les Eaux & Forêts dans son département. Il y a la connoissance des Cas royaux, & ressortit audit Conseil Provincial, sauf l'appel au civil en la Table de Marbre, jugeant au Souverain.

E

Vid. l'Almanach historiq. d'Artois, pag. 133.

Idem, pag. 134.

Idem, pag. 135.

CREIL............. En Picardie...... *Bailliage Royal.*

Y reſſortit

Cinqueux......... En Picardie.......... *Mairie.*

CRESPY {
en Valois. } .... En Picardie...... *Bailliage Royal.*

Y reſſortiſſent

Acy.............. En Picardie......... *Prévôté.*
Bethify-Verberie (1)· En Picardie········· *Prévôté.*
Villers-Cotterets (2)· En Picardie········· *Prévôté.*

La Prévôté foraine de Creſpy a été réunie au Bailliage par Edit du mois d'Août 1679, regiſtré le 22 Décembre.

Le Préſidial de Creſpy, qui avoit été créé en Janvier 1633, a été ſupprimé par l'article premier de l'Edit du mois d'Août 1758, & l'appel des Sentences de ce Bailliage va actuellement, dans les cas de l'Edit, au Préſidial de Soiſſons.

(1) La Prévôté de Bethify-Verberie a été créée par l'Edit de Septembre 1703. L'article V de l'Edit du mois d'Août 1758 fixe à Verberie pour l'avenir le Siége de cette Prévôté, ſans qu'il puiſſe être exercé au lieu de Bethify.

(2) Villers-Cotterets n'étoit d'abord qu'une Prévôté Royale. Elle avoit été érigée en Bailliage par l'Edit de Septembre 1703; mais ce Bailliage a été ſupprimé par l'article II de l'Edit du mois d'Août 1758, pour n'être plus qu'un Siége de Prévôté Royale, dont l'appel reſſortit au Bailliage de Creſpy.

CUSSET........ En Bourbonnois.... *Bailliage Royal.*

N'a pas de Juſtice Royale qui y reſſortiſſe.

D

DORAT....... Dans la Marche........ *Siége Royal.*

N'a pas de Juſtice Royale dans ſon reſſort.

La Châtellenie de Dorat a été ſupprimée & réunie à ce Siége par Edit du mois d'Avril 1749.

DOURDAN....... Isle de France..... *Bailliage Royal.*

N'a pas de Justice Royale dans son ressort.

La Prévôté de Dourdan a été supprimée & réunie à ce Bailliage par Edit du mois de Février 1744.

DUNKERQUES.. En Flandre.......... *Amirauté.*

Cette Ville est célebre par les divers siéges qu'elle a essuyés. Elle fut prise par les François sur les Anglois en 1558. Les François la céderent aux Espagnols par le Traité de Cateau-Cambresis. Ils la reprirent sur eux en 1646. Le Roi y établit en 1647 un Siége d'Amirauté par Edit non vérifié.

Cette Ville fut remise aux Anglois. Le Maréchal de Turenne la reprit en 1658, après la bataille des Dunes. Elle fut remise aux Anglois, & l'Amirauté fut transférée à Gravelines en 1659.

Louis XIV l'ayant achetée des Anglois en 1662, y rétablit l'Amirauté par Edit du mois d'Août 1671, regiftré le 5, & supprima celle de Gravelines. Les appels de cette Amirauté ressortissent nuement en la Cour.

DUN-LE-ROY... En Berry........ *Bailliage Royal.*

Y ressortit

Rouy............ En Berry.......... *Prévôté.*

E

EPERNAY....... En Champagne.... *Bailliage Royal.*

Y ressortit

Ay............ En Champagne........ *Mairie.*

La Prévôté Royale d'Epernay a été supprimée & réunie au Bailliage par Edit du

ESTAMPES.......⎫
         &   ⎬ En Beauce..... *Bailliage Royal.*
LA FERTÉ-ALEPS.⎭

N'a plus de Juſtice Royale qui y reſſortiſſe, la Prévôté ayant été ſupprimée & réunie au Bailliage depuis l'Edit du mois d'Avril 1749, regiſtré le 13 Juin.

Le Bailliage de la Ferté-Aleps a été ſupprimé & réuni au Bailliage d'Eſtampes par Edit du mois de Juillet 1769; réunion qui ne doit toutefois ſe faire qu'à la mort ou démiſſion du Procureur du Roi du Bailliage ſupprimé.

F

FERE.....⎫
         ⎬.... En Champagne..... *Bailliage Royal.*
en Tartenois.⎭

N'a pas de Juſtice Royale qui y reſſortiſſe.

FISMES....... En Champagne....... *Siége Royal.*

N'a pas de Juſtice Royale qui y reſſortiſſe.

FONTENAY-LE-COMTE. En Poitou... *Sénéchauſſée.*

N'a pas de Juſtice Royale qui y reſſortiſſe.

G

GYEN......... En Gatinois. .... *Bailliage Royal.*

Les Prévôtés de Gyen & d'Ouzouer-ſur-Treſée ayant été ſupprimées & réunies au Bailliage par Edit de Juillet 1738, regiſtré le 2 Septembre, il n'y a plus de Juſtice Royale qui y reſſortiſſe.

Le Comté de Gyen appartient à titre d'échange à M. Feydeau de Marville. La Juſtice y eſt toujours exercée par les Officiers Royaux.

GUERET........ Dans la Marche.... *Sénéch. & Préfid.*

Y reſſortiſſent

Ahun······· Dans la Haute-Marche··· *Châtellenie.*
Aubuſſon········ Dans la Marche····· *Châtellenie.*
Bellegarde······ ·················· *Châtellenie.*
Chenerailles····· Dans la Marche· ···· *Châtellenie.*
Crozant········ Dans la Marche····· *Châtellenie.*
Drouillé······· Dans la Marche····· *Châtellenie.*
Feletin········· ················· *Châtellenie.*
Jarnage········· Dans la Marche····· *Châtellenie.*

La Prévôté de Gueret a été ſupprimée & réunie au Bailliage depuis l'Edit d'Avril 1749, regiſtré le 13 Juin.

***

GUISE.........·. En Picardie...... *Bailliage Royal.*

Guiſe a le titre de Duché-Pairie. Il appartient actuellement à M. le Prince de Condé. La Seigneurie de Ribemont & la Juſtice ont été réunies à ce Duché.

Le Roi ayant ſupprimé le Bailliage de Ribemont par Edit de Mai 1766, regiſtré le 12 Août aux Chambres aſſemblées, a créé par le même Edit le Bailliage Royal de Guiſe pour connoître des Cas royaux & des matieres bénéficiales dans l'étendue du reſſort qui formoit précédemment la Prévôté & le Bailliage de Ribemont, dont l'appel reſſortit nuement en la Cour.

Ce nouveau Siége a été érigé à Guiſe, chef-lieu du Duché, plus peuplé que Ribemont, & moins éloigné du centre du Duché de Guiſe.

***

H

HAM........... En Picardie...... *Bailliage Royal.*

N'a plus de Juſtice Royale qui y reſſortiſſe.

Les Officiers du Bailliage de Saint-Quentin prétendent que ce Siége doit reſſortir devant eux.

I

ISSOUDUN....... En Berry. ...... *Bailliage Royal.*

N'a plus de Juſtice Royale qui y reſſortiſſe, la Mairie & la Prévôté d'Iſſoudun ayant été ſupprimées & réunies au Bailliage par l'Edit du mois d'Avril 1749, regiſtré le 13 Juin.

L

LA FERTÉ-ALEPS. *Vide*......... Estampes.

LA FLECHE...... En Anjou.... *Sénéchauſſée & Préſid.*

Y reſſortiſſent

Beaumont-le-Vicomte·	En Anjou···	*Sénéchauſſée.*
Freſnay············	En Anjou···	*Bailliage Royal.*
Mamers···········	En Anjou···	*Bailliage Royal.*
Sainte-Suzanne······	En Anjou···	*Bailliage Royal.*

LA MARCHE..... En Baſſigny..... *Bailliage Royal.*

N'a pas de Juſtice Royale qui y reſſortiſſe.

Ce Siége a été créé en Bailliage par Edit du Roi Staniſlas, du mois de Juin 1751, portant ſuppreſſion de tous les différens Siéges Royaux précédemment exiſtans.

LANGETS}
 ou }..... En Touraine..... *Bailliage Royal.*
LANGEY...}

N'a pas de Juſtice Royale qui y reſſortiſſe.

LANGRES...... En Champagne...... *Baill. & Préfid.*

Y reffortiffent

Arnoncourt······	En Champagne········	*Mairie.*
Bonnecourt·····	En Champagne········	*Mairie.*
Bourbon les-Bains·	En Champagne········	*Mairie.*
Cerqueux········	En Champagne········	*Mairie.*
Coiffy·········	En Champagne········	*Prévôté.*
Coiffy-la-Ville···	En Champagne········	*Mairie.*
Dempremont····	En Champagne········	*Mairie.*
Moncharnot·····	En Champagne········	*Mairie.*
Montigny-le-Roy·	En Champagne········	*Prévôté.*
Paflavant·······	En Champagne········	*Prévôté.*
Provencheres····	En Champagne········	*Mairie.*
Vic··········	En Champagne········	*Mairie.*
Villars-le-Pautel··	En Champagne········	*Mairie.*

LAON........... En Picardie....... *Baill. & Préfid.*

Y reffortiffent

Crefpy en Laonnois·	En Picardie···	*Prévôté.*
La Fere·········	En Picardie···	*Bailliage Royal.*
Marle··········	En Picardie···	*Bailliage Royal.*

La Prévôté de Laon eft fupprimée & réunie au Bailliage depuis l'Edit du mois d'Avril 1749.

LA ROCHELLE.. Dans l'Aunis..... *Sénéch. & Préfid.*

N'a pas de Juftice Royale qui y reffortiffe.

Les appels de ce Siége viennent directement en la Cour en vertu d'une Décla-ration du 2 Juin 1412.

LAVAL........:.... Dans le Maine...... *Bailliage Royal.*

N'a pas de Juſtice Royale dans ſon reſſort,

Charles IX ayant ſupprimé le Juge des Exempts, y créa en place un Bailliage qui devoit reſſortir en la Sénéchauſſée du Mans. Ce Siége reſſortit actuellement nuement en la Cour en vertu d'une Déclaration du mois de Février 1644.

LE MANS....... Dans le Maine..... *Sénéch. & Préſid.*

'Y reſſortit

Longaulnay (1)··· Dans le Maine······· *Baronnie.*

La Prévôté du Mans a été réunie au Bailliage par Edit de Janvier 1734, regiſtré le 3 Mars.

(1) Cette Baronnie avoit été cédée par le Roi, en Juin 1766, à M. le Comte d'Eu, qui l'a retrocédée au Roi.

LOCHES........ En Touraine...... *Bailliage Royal.*

N'a pas de Juſtice Royale qui y reſſortiſſe.

Le Domaine de Loches appartient actuellement à titre d'engagement au Marquis de Verneuil, ci-devant Introducteur des Ambaſſadeurs.

La Châtellenie de Loches a été ſupprimée & cédée à cet Engagiſte pour en faire une Juſtice Patrimoniale.

LORRIS........ En Gatinois...... *Bailliage Royal.*

N'a plus de Juſtice Royale qui y reſſortiſſe, la Prévôté ayant été ſupprimée & réunie au Bailliage par Edit de Juillet 1745, regiſtré le 6 Août.

LOUDUN........ En Poitou...... *Bailliage Royal.*

N'a plus de Juſtice Royale qui y reſſortiſſe, la Prévôté ayant été ſupprimée & réunie au Bailliage depuis l'Edit du mois d'Août 1749, regiſtré le 13 Juin.

LUZIGNAN.

LUZIGNAN...... En Poitou.......... *Siége Royal.*

N'a pas de Juſtice Royale qui y reſſortiſſe.

Les Officiers du Bailliage de Poitiers prétendent que ce n'eſt qu'une Prévôté qui reſſortit devant eux.

LYON.......... En Lyonnois..... *Sénéch. & Préſid.*

Y reſſortit

Sainte - Colombe ··· En Lyonnois ·· *Viguerie Royale.*

M

MACON.......... *Vide* .... Mascon.

MAGNY......... En Vexin....... *Bailliage Royal.*

N'a pas de Juſtice Royale qui y reſſortiſſe.

MANS.............. *Vide* .... Le Mans.

MANTES........ Iſle de France...... *Baill. & Préſid.*

N'a plus de Juſtice Royale qui y reſſortiſſe, la Prévôté ayant été ſupprimée & réunie au Bailliage depuis l'Edit d'Avril 1749, regiſtré le 13 Juin.

F

MASCON....... En Bourgogne....... *Baill. & Préfid.*

Y reſſortiſſent

Bois-Sainte-Marie····	En Bourgogne···	*Châtellenie.*
Chambly··········	En Bourgogne···	*Châtellenie.*
Chanecreche·······	En Bourgogne···	*Châtellenie.*
Châteauneuf········	En Bourgogne···	*Châtellenie.*
Davayer···········	En Bourgogne···	*Châtellenie.*
Dunchiſy··········	En Bourgogne···	*Châtellenie.*
Hurigny···········	En Bourgogne···	*Châtellenie.*
Igé··············	En Bourgogne···	*Châtellenie.*
Pricé·············	En Bourgogne···	*Châtellenie.*
Saint-André-le-Déſert·	En Bourgogne···	*Châtellenie.*
Saint-Gengoux······	En Bourgogne···	*Châtellenie.*
Saint-Romain·······	En Bourgogne···	*Châtellenie.*
Veriſet············	En Bourgogne···	*Châtellenie.*

MEAUX.......... En Brie........ *Baill. & Préfid.*

Y reſſortit

Monceaux········· En Brie····· *Bailliage Royal.*

La Prévôté de Meaux a été ſupprimée & réunie au Bailliage par Edit de Février 1745, regiſtré le 2 Avril.

Celle de Nanteuil-lès-Meaux eſt auſſi ſupprimée & réunie au Bailliage depuis l'Edit du mois d'Avril 1749, regiſtré le 13 Juin.

MEHUN-SUR-YEVRE. En Berry... *Bailliage Royal.*

N'a plus de Juſtice Royale qui y reſſortiſſe, la Prévôté de Mehun, & celle de Saint-Laurent-ſur-Barenjon y réunie ayant été ſupprimées & réunies à ce Bailliage depuis l'Edit du mois d'Avril 1749, regiſtré le 13 Juin.

MELUN........ Iſle de France. *Châtelet, Baill. & Préſid.*
Y reſſortit.

Fontainebleau en partie (1). Iſle de France··· *Prévôté.*

(1) Il y avoit originairement quatre Prévôtés à Fontainebleau; ſçavoir, celle de Fontainebleau; de Melun, de Samois & de Monceaux.
Les Prévôtés de Melun & de Samois ont d'abord été réunies à celle de Monceaux, reſſortiſſante à Moret. Le tout eſt actuellement réuni à celle de Fontainebleau. La partie qui regardoit Monceaux releve de Moret, & le ſurplus de Melun.

MERY-SUR-SEINE. En Champagne..... *Siège Royal.*

N'a pas de Juſtice Royale qui y reſſortiſſe.

MEUDON.................... *Bailliage Royal.*

N'a pas de Juſtice Royale qui y reſſortiſſe.

Meudon reſſortiſſoit anciennement au Châtelet. M. le grand Dauphin a acquis cette Terre en 1695.
Le Bailliage de Virofley, & les Prévôtés de Clamart, Fleury & Chaville ont été réunis à ce Bailliage, à la charge de l'appel en la Cour, par Lettres Patentes du mois d'Octobre 1704, regiſtrées le 29 Novembre.

MEULAN........ Iſle de France..... *Bailliage Royal.*

N'a pas de Juſtice Royale qui y reſſortiſſe.

Les Officiers du Bailliage de Mantes prétendent que ce Siége reſſortit devant eux.

MILLANÇAY en Sologne.....} ..... *Vide* .... **ROMORENTIN.**

MONLIGNON, près Enghuien....} .... *Vide* ..,.... **MONTLIGNON.**

MONTAGUT.... En Combraille..... *Bailliage Royal.*

N'a pas de Juſtice Royale qui y reſſortiſſe.

MONTARGIS.... En Gatinois...... *Baill. & Préfid.*

N'a plus de Juſtice Royale qui y reſſortiſſe depuis que la Prévôté a été ſupprimée & réunie au Bailliage par Edit du mois de Septembre 1747, regiſtré le 19 Septembre.

MONTBRISON, } .... *Bailliage Royal.*

ROANNE........ }

      &   } En Forez....... *Sénéchauſſées.*

SAINT-ESTIENNE. }

Siéges Royaux reſſortiſſans à Montbriſon.

Chambeon..........	En Forez.....	*Châtellenie.*
Chatelneuf..........	En Forez.....	*Châtellenie.*
Clepé.............	En Forez.....	*Châtellenie.*
Donzy............	En Forez.....	*Châtellenie.*
Feurs.............	En Forez.....	*Châtellenie.*
La Foulioufe.........	En Forez.....	*Châtellenie.*
Lavieu............	En Forez.....	*Châtellenie.*
Marcilly..........	En Forez.....	*Châtellenie.*
Neronde..........	En Forez.....	*Châtellenie.*
Saint-Bonnet-le-Château & Marols.......... }	En Forez.....	*Châtellenie.*
Saint-Galmier.......	En Forez.....	*Châtellenie.*
Saint-Germain-Laval...	En Forez.....	*Châtellenie.*
Saint-Hean.........	En Forez.....	*Châtellenie.*
Saint-Victor.........	En Forez.....	*Châtellenie.*
Sur-le-Bois..........	En Forez.....	*Châtellenie.*
Virignieux..........	En Forez.....	*Châtellenie.*

La Châtellenie de Montbriſon eſt ſupprimée & réunie au Bailliage depuis l'Edit du mois d'Avril 1749, regiſtré le 13 Juin.

Les Sénéchauſſées de Roanne & de Saint-Etienne, créées par Edit de Septembre 1645, ont été transférées à Montbriſon par Edit de Novembre 1645. Les Conſeillers & l'Avocat du Roi créés pour ces deux Siéges, ont été réunis à Montbriſon par Edit du 15 Septembre 1646 *.

* *Vid.* Henryt, tom. 2, liv. 2, queſt, 1ⁱⁱ,

Siéges Royaux ressortissans à Roanne.

Croffet · · · · · · · · · · · Bas-Forez · · · · · · · · Châtellenie.
Saint-Haon · · · · · · · · Bas-Forez · · · · · · · · Châtellenie.
Saint-Maurice · · · · · · Bas-Forez · · · · · · · · Châtellenie.

Siéges Royaux ressortissans à Saint-Etienne.

La Tour en Jarets · · · · · · · · · · · · · · · · · Châtellenie.
Rocheblaine en Pailleres · · · · · · · · · · · · · Châtellenie.
Saint-Jean-de-Bonnefont · · · · · · · · · · · · · Châtellenie.

MONTDIDIER... En Picardie...... *Bailliage Royal.*

N'a plus de Juſtice Royale qui y reſſortiſſe, la Prévôté de Montdidier & de la Ville-Neuve-Roy, précédemment réunies, ayant été ſupprimées & réunies au Bailliage depuis l'Edit du mois d'Avril **1749,** regiſtré le 13 Juin, *Vide* la note à l'article de Beauvais, pag. 7.

MONTEREAU FAUT-YONNE. En Champagne. *Bail. R.*

N'a pas de Juſtice Royale qui y reſſortiſſe.

MONTFERRAND.. *Vide* CLERMONT en Auvergne.

MONTFORT.... Iſle de France...... *Bailliage Royal.*

N'a pas de Juſtice Royale dans ſon reſſort.

Le Domaine du Comté de Montfort a été cédé à la Maiſon de Chevreuſe en contre échange de la Terre de Chevreuſe. Les appels de ce Siége viennent directement en la Cour en vertu d'une Déclaration du 11 Octobre 146;.

MONTLIGNON,⎫
près Enghuien.....⎭ ... Paris......... *Bailliage Royal.*

N'a pas de Juſtice Royale dans ſon reſſort,

Les Officiers du Châtelet prétendent que ce Siége reſſortit devant eux.

MONTMORILLON. En Poitou........ *Sénéchauſſée.*

N'a plus de Juſtice Royale qui y reſſortiſſe, la Prévôté ayant été ſupprimée & réunie au Bailliage depuis l'Edit du mois d'Avril 1749, regiſtré le 13 Juin.

MONTREUIL-SUR-MER. En Picardie.. *Bailliage Royal.*

Les Officiers du Bailliage de Montreuil prétendent que le Bailliage d'Ardres doit reſſortir devant eux. Les Officiers de ce Bailliage ſoutiennent au contraire reſſortir nuement en la Cour.

MONTRICHARD. En Touraine..... *Baillage Royal.*

N'a pas de Juſtice Royale qui y reſſortiſſe.

Les Officiers du Bailliage de Tours prétendent que ce Siége n'eſt qu'une Châtellenie qui doit reſſortir devant eux. Les Officiers de ce Bailliage prétendent au contraire reſſortir nuement en la Cour.

MORET........ Iſle de France...... *Bailliage Royal.*

Y reſſortiſſent

Fontainebleau en partie (1)·········· *Prévôté.*
Montmachou·················· *Juſtice Royale.*
Noiſy···················· *Juſtice Royale.*

(1) La Prévôté de Monceaux étant réunie à celle de Fontainebleau, la partie qui dépendoit originairement de Monceaux reſſortit à Moret, & le ſurplus à Melun.

MORTAGNE..... Au Perche....... *Bailliage Royal.*

N'a plus de Juſtice Royale qui y reſſortiſſe depuis que la Vicomté de Mortagne a été ſupprimée & réunie à ce Siége par l'Edit de Septembre 1741.

MOULINS...... En Bourbonnois.... *Sénéch. & Préſid.*

Y . *eſſortiſſent*

Aynay-le Château·················	*Châtellenie.*
Baſſe-Marche & Pierre-Fite·········	*Châtellenie.*
Belle-Perche·····················	*Châtellenie.*
Beſſay···························	*Châtellenie.*
Billy····························	*Châtellenie.*
Bouchet··························	*Juſtice Royale.*
Bourbon-l'Archambaud·············	*Châtellenie.*
Chantelle, féant à Montmaraud······	*Châtellenie.*
Charoux··························	*Juſtice Royale.*
Chaveroche······················	*Châtellenie.*
Creſſange·························	*Juſtice Royale.*
Duſſel···························	*Châtellenie.*
Gannat···························	*Châtellenie.*
Heriſſon·························	*Châtellenie.*
La Bruere-Laupepin, féant à Cerilly···	*Châtellenie.*
La Chauſſiere····················	*Châtellenie.*
Mont-Luçon······················	*Châtellenie.*
Murat····························	*Châtellenie.*
Pierre-Fite, *vide* Baſſe-Marche······	*Châtellenie.*
Saint-Gerant-le-Puy···············	*Juſtice Royale.*
Souvigny·························	*Châtellenie.*
Thizon··························	*Châtellenie.*
Varenne··························	*Juſtice Royale.*
Vernevil·························	*Châtellenie.*
Vichy····························	*Châtellenie.*

La Châtellenie de Moulins a été ſupprimée & réunie au Bailliage depuis l'Edit du mois d'Avril 1749, regiſtré le 13 Juin,

Les Officiers de Saint-Pierre-le-Moutier prétendent que la Châtellenie de Riouſſe doit reſſortir devant eux.

N

NEMOURS.... En Gatinois....... *Bailliage Royal.*

Y reſſortiſſent

Château-Landon······················· *Prévoté.*
Cheroy & Lixy······················· *Prévôté.*
Flagy, *vide* Voux····················· *Prévôté.*
Ferrottes, *vide* Voux················· *Prévôté.*
Lixy, *vide* Cheroy···················· *Prévôté.*
Lorre-le-Boccage····················· *Prévôté.*
Pont-ſur-Yonne······················ *Prévôté.*
Voux, Flagy & Ferrottes··············· *Prévôté.*

NEUVILLE-AUX-LOGES ⎫
ou ⎬ En Orléannois. *Bailliage Roy.*
AUX-BOIS........ ⎭

N'a plus de Juſtice Royale qui y reſſortiſſe, la Prévôté de Neuville ayant été ſupprimée & réunie au Bailliage depuis l'Edit du mois d'Avril 1749, regiſtré le 13 Juin.

NIORT.......... En Poitou.......... *Sénéchauſſée.*

N'a pas de Juſtice Royale qui y reſſortiſſe.

NOGENT-SUR-SEINE. En Champagne. *Bailliage Royal.*

N'a pas de Juſtice Royale qui y reſſortiſſe.

NOYON

NOYON......... En Picardie...... *Bailliage Royal.*

N'a plus de Juſtice Royale qui y reſſortiſſe, la Prévôté de Noyon ayant été ſupprimée & réunie au Bailliage depuis l'Edit d'Avril 1749, regiſtré le 13 Juin.

O

ORLEANS... En Orléanois. *Châtelet, Bail. R. & Préſid.*

N'a plus de Juſtice Royale qui y reſſortiſſe, la Prévôté d'Orléans ayant été ſupprimée & réunie au Bailliage depuis l'Edit du mois d'Avril 1749, regiſtré le 13 Juin.

P

PERONNE...... En Picardie...... *Bailliage Royal.*

N'a pas de Juſtice Royale dans ſon reſſort,

POITIERS........ En Poitou....... *Sénéch. & Préſid.*

Les Officiers du Bailliage de Poitiers prétendent que le Bailliage de Vouvent & la Prévôté de Luſignan doivent reſſortir devant eux. Les Officiers de ces deux Siéges prétendent au contraire reſſortir en la Cour,

---

PONTOISE.... En Vexin François... *Bailliage Royal.*

N'a plus de Juſtice Royale dans ſon reſſort, la Prévôté Royale de Pontoiſe ayant été ſupprimée & réunie au Bailliage par Edit du mois d'Avril 1740, regiſtré le 13 Mai.

PONT-SUR-SEINE. Iſle de France.... *Bailliage Royal.*

N'a pas de Juſtice Royale dans ſon reſſort.

PRÉVOTÉ VICOMTÉ DE PARIS... *Châtelet de Paris.*

Y reſſortiſſent

Chaillot· ·	*Prévôté.*
Corbeil· ·	*Prévôté.*
Gournay· ·	*Prévôté.*
Montlhery· ·	*Prévôté.*
Saint-Germain en Laye· · · · · · · · · · · · ·	*Prévôté.*
Poiſſy· ·	*Prévôté.*
Torcy· ·	*Juſtice Royale.*
Triel· ·	*Juſtice Royale.*

Reſſorts conteſtés.

Brie-Comte-Robert.			
La Ferté-Aleps· · · · · · ·	*Vide* · · · · · · · ·	Eſtampes.
Montlignon· · · · · · · · ·	*Vide* · · · · · · · ·	Montlignon.

Juſtices démembrées.

Choiſy-le-Roy.   Meudon.   Verſailles.

Juſtices ci-devant Royales.

Goneſſe (1).   Limours (2).   Tournan (3).

(1) Appartient à titre d'échange à M. de Machault.

(2) A appartenu à titre d'échange à M. le Comte d'Eu, qui l'a vendu à M. le Préſident de Lamoignon de Montrevault.

(3) Le Domaine de Tournan a appartenu à titre d'échange à M. de Beringhem, qui l'a vendu à M. le Comte d'Eu, qui l'a rétrocédé au Roi. Le Roi l'a rendu à M. le Duc de Penthievre.

PROVINS...... Brie Champenoife..... *Baill. & Préfid.*

Y reſſortit

Chalautre······ Brie Campenoife········ *Prévôté.*

La Prévôté Royale de Provins a été fupprimée & réunie au Bailliage par Edit de Mai 1733, regiftré le 3 Juin.

Les Officiers de ce Bailliage ayant voulu empêcher les Officiers du Préfidial de connoître des affaires précédemment portées en premiere inftance en la Prévôté de Provins, fur le fondement que la réunion n'avoit été faite qu'au Bailliage. Le Roi a décidé, par fa Déclaration du 10 Juillet 1739, regiftrée le 4 Août, que ce Préfidial connoîtroit des affaires qui n'excéderoient point le premier & le fecond chef de l'Edit des Préfidiaux, & qu'il les jugeroit conformément à cet Edit, & que celles qui excéderoient feroient portées au Bailliage de Provins.

R

RHEIMS....... En Champagne...... *Baill. & Préfid.*

Y reſſortiſſent

Beaumont en Argonne· · · ······· *Mairie.*
Bricul-fur-Meufe······ ··· ······ *Mairie.*
Glaire············· *Vide* ······ Torcy.
Torcy & Glaire······ ··· ······ *Juſtice Royale.*

La Ville de Rheims eſt une des plus anciennes & des plus célebres Villes du Royaume. Elle eſt fituée fur la riviere de Veſle, dans une plaine remplie de petites montagnes qui produifent des vins délicieux. On y voit plufieurs arcs de triomphe, ouvrage des Romains. Il y a Préfidial, Echevinage, Hôtel des Monnoies & Uni-verfité. C'eſt le Siége d'un Archevêque, premier Duc & Pair Eccléfiaftique, & Primat de la Gaule Belgique. La Cathédrale, qui eſt fous l'invocation de la Sainte Vierge, eſt l'édifice le plus parfait du Royaume. Le portail de cette Eglife, fur-tout, eſt univerſellement admiré.

RIOM.......... En Auvergne...... *Sénéch. & Préfid.*

Y reſſortiſſent

Andelat, féant à Murat···· ··· ···		*Bailliage Royal.*
Auſſon················· ··· ···		*Prévôté.*
Beauvines·············· *Vide* ···		Mozat.
Beſque················· *Vide* ···		Charreix.
Bulliom··············· ··· ···		*Prévôté.*
Calvinet (1)············· ··· ···		*Prévôté.*
Charreix, Beſque, Montpeiroux } & Talhat··············· } ··· ···		*Juſtice Royale.*
Chazeul··············· *Vide* ···		Palluet.
Cherlanes·············· ··· ···		*Juſtice Royale.*
Contaut··············· *Vide* ···		Palluet.
Gelines··············· ··· ···		*Juſtice Royale.*
Langhac··············· ··· ···		*Prévôté.*
Le Montel············· *Vide* ···		Mozat.
Lorrige-lès-Martres········ ··· ···		*Prévôté.*
Malhat··············· ··· ···		*Juſtice Royale.*
Montpeiroux············ *Vide* ···		Charreix.
Mozat, Beauvines, le Montel } & Puy-Francon·········· } ··· ···		*Juſtice Royale.*
Nonette··············· ··· ···		*Châtellenie.*
Palluet, Chazeul & Contaut·· ··· ···		*Prévôté.*
Puy-Francon············ *Vide* ···		Mozat.
Puy-Guillaume·········· ··· ···		*Juſtice Royale.*
Real·················· ··· ···		*Juſtice ou Mandem.*
Rochegonde············ *Vide* ···		Tagenat.
Tagenat & Rochegonde····· ··· ···		*Juſtice.*
Talhat················ *Vide* ···		Charreix.
Uſſon················· ··· ···		*Châtellenie.*

(1) Les Officiers de Salers prétendent que la Prévôté de Calvinet reſſortit devant eux.

Les Officiers du Bailliage de Riom prétendent que le Bailliage de Salers reſſortit devant eux. Ceux de Salers prétendent au contraire reſſortir directement en la Cour.

ROCHEFORT·SUR·MER. Dans l'Aunis. *Bailliage Royal.*

N'a pas de Juſtice Royale qui y reſſortiſſe.

ROMORENTIN
&   }... En Blaiſois...... *Bailliage Royal.*
MILLANÇAY...

Le Bailliage de Millançay a été réuni à celui de Romorentin par Edit de Juin 1739, regiſtré le 15 Juillet.

Ce Siége n'a plus de Juſtice Royale qui y reſſortiſſe, les Châtellenies de Millançay & de Romorentin ayant été ſupprimées & réunies au Bailliage de Romorentin par l'Edit de Juin 1739.

ROYE............. En Picardie...... *Bailliage Royal.*

N'a plus de Juſtice Royale qui y reſſortiſſe, la Prévôté ayant été ſupprimée & réunie au Bailliage depuis l'Edit du mois d'Avril 1749, regiſtré le 13 Juin.

RUMILLY,
près Troyes. }.... En Champagne........ *Siége Royal.*

N'a pas de Juſtice Royale qui y reſſortiſſe.

S

SAINT-DIZIER. En Champagne.... *Bailliage Royal.*

Y ressortissent

La Maison-aux-Bois····················· *Mairie.*
Marthehaye······················· *Mairie.*
Saint-Vrain (1)······················· *Mairie.*

Les Officiers du Bailliage de Vitry-le-François prétendent que le Siége de Saint-Dizier doit ressortir devant eux. Ceux de Saint-Dizier prétendent au contraire ressortir nuement en la Cour.

(1) Les Officiers de Vitry-François prétendent que la Mairie de Saint-Vrain doit ressortir devant eux.

SAINT-ETIENNE en Forez.........} ... *Vide*...... MONTBRISON.

SAINT-FERRIOL en Limousin.......} ... *Vide* ... BOURG-ARGENTAL.

SAINT-FLOUR.. Haute-Auvergne... *Bailliage Royal.*

N'a pas de Justice Royale qui y ressortisse.

SAINT-MAIXANT. En Poitou...... *Bailliage Royal.*

N'a pas de Justice Royale qui y ressortisse.

SAINT-PIERRE-LE-MOUTIER. En Nivernois. *Bail. & Préf.*

Y *reſſortiſſent*

Cencoins · · · · · · · · En Nivernois · *Prévôté Royale.*
Riouſſe (1) · · · · · · · En Nivernois · *Châtellenie Royale.*

(1) Les Officiers du Bailliage de Moulins prétendent que cette Châtellenie doit reſſortir devant eux.

SAINT-QUENTIN. En Picardie..... *Bailliage Royal.*

N'a plus de Juſtice Royale qui y reſſortiſſe, la Prévôté ayant été ſupprimée & réunie au Bailliage depuis l'Edit d'Avril 1749, regiſtré le 13 Juin.

SAINTE MENEHOULD. En Champagne. *Bailliage Royal.*

Y *reſſortit*

Rocroy · · · · · · · · En Champagne · · · · · · · · *Prévôté.*

La Prévôté de Villefranche a été ſupprimée & réunie au Bailliage de Sainte-Menehould par Edit de Juillet 1741, regiſtré le 8 Juillet.
Celle de Sainte-Menehould a été auſſi ſupprimée & réunie au même Bailliage depuis l'Edit d'Avril 1748, regiſtré le 25 Juin.

SALERS........ Haute-Auvergne........ *Siége Royal.*

Y *reſſortit*

Calvinet (2) · · · · Haute-Auvergne · · · · · · · · *Prévôté.*

Les Officiers du Bailliage de Riom prétendent que ce Siége doit reſſortir devant eux. Ceux de Salers prétendent au contraire reſſortir directement en la Cour.

(2) Les Officiers du Bailliage de Riom prétendent que cette Prévôté doit reſſortir devant eux.

SAUMUR......... En Anjou.......... *Sénéchauſſée.*

N'a plus de Juſtice Royale qui y reſſortiſſe, la Prévôté de Senlis ayant été ſupprimée & réunie au Bailliage depuis l'Edit d'Avril 1749, regiſtré le 13 Juin.

SENLIS......... Iſle de France...... *Baill. & Préſid.*

Y reſſortiſſent

Angy en partie (1)··· Iſle de France······ *Prévôté.*
Brenouille·········· Iſle de France······ *Prévôté.*
Pompoint··········· Iſle de France······ *Prévôté.*
Pont-Sainte-Maxance· Iſle de France······ *Prévôté.*

La Prévôté de Senlis, & la Mairie d'Angy, ſiſe audit Senlis, ont été ſupprimées & réunies au Bailliage depuis l'Edit d'Avril 1749, regiſtré le 13 Juin.

(1) Angy releve pour le ſurplus à Beauvais.

————————————————

SENS............ En Senonois....... *Baill. & Préſid.*

Y reſſortiſſent

·Dymon································· *Prévôté.*
Eſtigny································· *Prévôté.*
Grange-le-Bocage· ····················· *Prévôté.*
Meſlay-le-Vicomte····················· *Prévôté.*
Paron································· *Prévôté.*
Saint-Clement· ······················· *Prévôté.*

La Prévôté de Sens a été ſupprimée & réunie au Bailliage depuis l'Edit d'Avril 1749, regiſtré le 13 Juin.

————————————————

SEZANNE...... Brie Champenoiſe... *Bailliage Royal.*

Y reſſortiſſent

Chantemerle· ························· *Prévôté.*
Doſnon· ····························· *Mairie.*
Frefols· ····························· *Prévôté.*
Granville······························ *Prévôté.*
Herbiſſe· ····························· *Prévôté.*
Semoine····························· *Mairie.*
Villers······························· *Prévôté.*

La Prévôté de Sezanne a été ſupprimée & réunie au Bailliage par l'Edit de Novembre 1738, regiſtré le 14 Janvier.

SOISSONS

SOISSONS...... En Soiſſonnois...... *Baill. & Préſid.*

Y reſſortiſſent

Coucy (1) ···························· *Prévôté.*

Exemption de Pierre-Fond (2) ············ *Prévôté.*

La Ferté-Milon ····················· *Prévôté.*

Neuilly-Saint-Front ·················· *Prévôté.*

Oulchy-le-Châtel ···················· *Prévôté.*

Le Comté de Soiſſons appartient actuellement, à titre d'apanage, à M. le Duc d'Orléans, fuivant les Lettres Patentes du 28 Janvier 1751, regiſtrées le

Le Bailliage du Comté de Soiſſons a été fupprimé, & les affaires dont il connoiſſoit renvoyées au Bailliage de Soiſſons par l'article II de l'Edit du mois d'Août 1758. L'article IV de cet Edit fixe le reſſort de ce Bailliage. L'article premier dudit Edit lui attribue de connoître de l'appel du Bailliage de Creſpy ès cas préſidiaux.

(1) L'article II de l'Edit du mois d'Août 1758 fupprime le Bailliage de Coucy, & y établit une Prévôté à la place.

(2) La réunion de l'Exemption de Pierrefond, qui avoit été faite au Bailliage de Compiegne par l'Edit du mois d'Août 1748, a été révoquée en faveur du Bailliage de Soiſſons, en rembourfant toutefois aux Officiers du Bailliage de Compiegne les fommes qu'ils juſtifieroient avoir payées aux Officiers de cette Prévôté.

T

TOURS........ En Touraine........ *Baill. & Préſid.*

Y reſſortit

Reugny ········· En Touraine· ······· *Châtellenie.*

Le Roi, en fupprimant le Bailliage d'Amboiſe, & y établiſſant une Juſtice de Pairie, a attribué au Bailliage de Tours la connoiſſance des Cas royaux & des matieres dont il avoit précédemment connu, par Edit du mois de Novembre 1765, regiſtré le 21 Janvier 1766.

H

T R O Y E S . . . . En Champagne . . . . . *Baill. & Préfid.*

Y reſſortiſſent

Barbaiſe · · · · · · · · ·	En Champagne · · · · · · ·	*Mairie.*
Bouy · · · · · · · · · · · ·	· · · *Vide* · · · · · · · · · · ·	Dunion.
Daillefol · · · · · · · · ·	En Champagne · · · · · · · ·	*Mairie.*
Doſnoes · · · · · · · · ·	En Champagne · · · · · · · ·	*Mairie.*
Doches · · · · · · · · ·	En Champagne · · · · · · · ·	*Mairie.*
Dunion & Bouy · · ·	En Champagne · · · · · · · ·	*Mairie.*
La Grande-Riviere ·	En Champagne · · · · · · ·	*Mairie.*
Larbruſſel · · · · · · · ·	En Champagne · · · · · · · ·	*Mairie.*
Luſigny · · · · · · · · ·	En Champagne · · · · · · · ·	*Mairie.*

La Prévôté Royale de Troyes & la Mairie Royale des quatre portes & faux-bourgs, ſçavoir, de Challouet, de Croncels, de la Moline, de Pouilly, de Preyre, de Preleveque & de Sainte Savine ont été ſupprimées & réunies au Bailliage depuis l'Edit du mois d'Avril 1749, regiſtré le 13 Juin.

V

V ENDOME . . . . En Vendômois . . . . . *Bailliage Royal.*

Y reſſortit

Saint-Calais · · · · · ·	En Vendômois · · · · ·	*Siége Royal.*

VERSAILLES . . . . Iſle de France . . . : . *Bailliage Royal.*

N'a pas de Juſtice Royale qui y reſſortiſſe.

Le Bailliage de Verſailles, créé en Décembre 1693, reſſortiſſoit précédemment au Châtelet de Paris. Il en a été diſtrait & déſuni par Edit du mois de Mars 1751, regiſtré le 23 Avril. Il reſſortit depuis en la Cour.

La Déclaration du premier Juin 1751, regiſtrée le premier Juillet, attribue à ce Siége la connoiſſance des Cas royaux au Civil & au Criminel.

VIC......} ...... En Auvergne .... *Siége Royal.*
en Carlades.}

Y ressortissent

Boisset & Sourfac···· En Auvergne···· *Châtellenie.*
Cromieres········ ··· *Vide* ······· Turlande.
Murat············ En Auvergne····· *Prévôté.*
Sourfac··········· ··· *Vide* ······· Boisset.
Turlande, Vigouroux}En Auvergne···· *Mandement.*
& Cromieres·····}
Vigouroux········ ··· *Vide* ······· Turlande.

La Prévôté de Vic est supprimée & réunie au Bailliage depuis l'Edit du mois
d'Avril 1749, registré le 13 Juin.

VIERSON.......... En Berry...... *Bailliage Royal.*
N'a pas de Justice Royale qui y ressortisse.

VILLEFRANCHE. En Beaujollois... *Bailliage Royal.*
N'a pas de Justice Royale qui y ressortisse.

VILLENEUVE-LE-ROY,} .... *Bailliage Royal.*
sur l'Yonne..........}

Y ressortit.
Chablis········· En Champagne········ *Prévoté.*

VINCENNES.... Isle de France...... *Bailliage Royal.*
N'a pas de Justice Royale qui y ressortisse.

Les Provisions du Bailli & du Procureur du Roi de ce Siége sont toujours adressées
à M. le Procureur Général, qui commet un de ses Substituts pour faire l'information
des vies & mœurs. Cette information faite, le nouvel Officier prête serment ès
mains de M. le Procureur Général, qui le renvoye pour être installé par le Substitut
qui a fait l'information.

VIREY-SOUS-BART, ⎱ En Champagne .. *Bailliage Royal.*
près Troyes........ ⎰

N'a pas de Juftice Royale qui y reffortiffe.

VITRY-AUX-LOGES. En Orléanois...... *Bailliage Royal.*

N'a pas de Juftice Royale qui y reffortiffe.

VITRY-LE-FRANÇOIS. En Champagne. *Baill. & Préfid.*

Y reffortiffent

Baffuet	En Champagne	*Mairie.*
Brabant-le-Roy ..	En Champagne	*Mairie.*
Charmont (1) ...	En Champagne	*Mairie.*
Chatelleroux	En Champagne	*Mairie.*
Cheminon	En Champagne	*Mairie.*
Contaut (2)	En Champagne	*Mairie.*
Doucey	En Champagne	*Mairie.*
Favareffe	En Champagne	*Mairie.*
Helmarup	En Champagne	*Mairie.*
Paffavant	En Champagne	*Prévôté.*
Perthes	En Champagne	*Mairie.*
Saint-Vrain (3) ..	En Champagne	*Mairie.*
Sermaife	En Champagne	*Mairie.*

La Mairie de Vitry-le-François a été fupprimée & réunie au Bailliage depuis l'Edit de Mars 1749, regiftré le 13 Juin.

(1) Les Officiers du Bailliage de Saint-Dizier prétendent que Charmont n'eft qu'une Juftice de Police, & qu'ils ont droit de connoitre en premiere inftance des caufes de cette Mairie.

(2) Le Bailliage de Saint-Dizier prétend connoitre en premiere inftance des caufes de cette Mairie, attendu qu'elle n'eft que Juftice de Police.

(3) Saint-Dizier prétend que la Mairie de Saint-Vrain reffortit devant eux.

VOUVENT,.......⎫
féant à la Chateignerais.⎬ .... *Bailliage Royal.*

N'a pas de Juſtice Royale qui y reſſortiſſe.

Y

YENVILLE...... En Beauce....... *Bailliage Royal.*

N'a pas de Juſtice Royale qui y reſſortiſſe.

YEVRE-LE-CHATEL. En Beauce... *Bailliage Royal.*

N'a pas de Juſtice Royale qui y reſſortiſſe.

F I N.

TABLE ALPHABÉTIQUE

CONTENANT les Noms des Jurifdictions comprifes au précédent Etat, avec renvoi aux Chefs-lieux dont elles dépendent.

A

TABLE 63

C

TABLE 65

I

H

J

·L

Mery-fur-Seine

TABLE 73

K

N

O

P

TABLE 75

R

K ij

S

Fin de la Table.

E R R A T A.

*P*_{AGE} 12, *ligne* 21, Vernveil, *lifez*, Verneuil.

Page 31, *ligne* 23, Andruic, *lifez*, Audruic.

Page 47, *ligne* 29, Verncvil, *lifez*, Verneuil.

Page 50, *effacez*, Brie-Comte-Robert, n'étant plus Juſtice Royale.

Page 56, *ligne* 24, Frefols, *lifez*, Trefols.

www.ingramcontent.com/pod-product-compliance
Lightning Source LLC
Chambersburg PA
CBHW071247200326
41521CB00009B/1666